つながりあそび・うた実践ノート

「気持ちいい」保育、見～つけた！

頭金多絵・著
二本松はじめ・あそびうた
加藤繁美・メッセージ

CONTENTS

つながりあそび・うた実践ノート
「気持ちいい」保育、見～つけた！

———— プロローグ ②

子どもの心
- 「だってぞう組だもん」「ねー」 ④
- おむすびコロリン事件 ⑥
- アサガオの実践失敗記 ⑧
- ゾウさんタイム ⑩
- 「やーだ！ 順番ないの！」 ⑫
- 指しゃぶりを分けてくれたゆうすけ君 ⑭
- 「ひとりで行けらんないの」 ⑯
- 「まめができると手が痛いんだけど、なんかうれしかった」 ⑱
- 「いらっしゃい いらっしゃーい プリンでしゅよー」 ⑳
- 「いい気持ち」の基本は、愛されているという実感 ㉒
- みんなと同じようになりたい ㉔
- 「りょう君、このごろさ、友だちのことけったりとかしなくなったね」 ㉖
- いちばん争い ㉘
- 魔法の縄跳び ㉚
- おまけ 魔法の国のあいさつは「へいそわー」 ㉜
- 付録・関連楽譜 「うさぎがね」 ㉞

あそびの姿
- 「忍者でござる」 ㊱
- 1歳児と『ダイコン漬け』 ㊵
- 馬跳びって奥深い ㊷
- けんちゃんの"どんぐり" ㊹
- 『のせて のせて』と『自動車ブーブー』 ㊻
- きょうも運動会! ㊽
- 中学生がやってきた! ㊿
- 「乗りたいな」「食べたいな」「見たいな」 ㊾
- お助け怪獣はどこにいる？ ㊾
- 「見〜つけた」「何見つけたの？」 ㊾
- 「見て 見て」 ㊾
- 付録・関連楽譜 ⑥⓪
  - ♪忍者でござる　♪ダイコン漬け　♪自動車ブーブー
  - ♪バスにのって　♪サンポでジャンケン
  - ♪遊園地につれてって　♪さんぽに行こう

お母さんの思い
- がんばる ありさはステキ！ ㊻㊻
- 8センチのマフラー ㊻⑧
- 「だっこって、気持ちいいね」 ㊆⓪
- 「いいお母さん、や〜めた」 ㊆㊁
- おまけ 「お父さんもお母さんも いい気持ちになれるクラスだより」 ㊆④

わたし・保育士の気持ち
- 「仲間はずれ」って、なあに？ ㊆⑥
- ピッタリだっこの気持ちよさ ㊆⑧
- 「あたりまえ」って、何だろう？ ⑧⓪
- 五感の育ちの基本を考える ⑧②
- ヒーローごっこ、どうする？ ⑧④
- 宝箱今昔物語 ⑧⑥
- 目ざせ！ がき大将！ ⑧⑧

———— メッセージ
子どもと対話できる保育者の必要条件　加藤繁美 ⑨⓪
———— エピローグ ⑨②

デザイン●長谷川由美・千葉匠子(ON SIDE)　本文イラスト●まつおかたかこ・水野ぷりん・佐藤清美・伊東美貴・セキウサコ
編集●中村美也子　楽譜●石川ゆかり　絵本撮影●山下雅美　子どもたちの写真提供●頭金多絵　校閲●佐々木智子

“いい気持ち” を感じる力を生み育んできたものは…

♪いい気持ち　いい気持ち　青い空は　とってもいい気持ち♪

この歌詞は、『いいきもち』というわたしの作品の中の一節です。空は、海はいい気持ち、父ちゃんのひざは、母ちゃんの胸はいい気持ち、そして、仲間の歌はいい気持ち、と歌っているのです。

少々オーバーかもしれませんが、わたしは人類の歴史の中で「いい気持ち」と感じる力をどう生み育んできたのかということを、「つながりあそび・うた」の中に織り込みたいと思っています。そして、いま子どもたちだけでなく、多くの人たちにつながりあそび・うたを通して、水浴びやおひさまポカポカやほおをなでる風をいい気持ちと感じるのと同じように、親子のつながりや人とのつながりって楽しい、いい気持ちと感じてほしいのです。いや、本来はいい気持ちだったはずですね。その中で命を生み、育んできたのですからね。

でも、そんな思いも子どもたちといっしょに楽しむ中でこそ実現できるのです。今、保育・教育現場で「つながりあそび・うた」を実践し、子どもと楽しんでいる仲間が少しずつ増えてきています。その楽しみかたもいろいろで、子どもたちに合わせて変化し広がっています。ですから、「あれ？　元の遊びかたはどこにいってしまったんだろう？」「まったく踊りの振りが違っている」という実践のほうが多いかもしれません。うれしいです。ステキです。子どもたちを真ん中にして、わたしの思いと仲間の思いがつながり、時にはぶつかって、「つながりあそび・うた」に命が吹き込まれた瞬間だからです。

そんな命を吹き込まれた瞬間を仲間のひとり、頭金多絵（とうきん たえ）さんが研究所の機関紙『手と手と手と』に連載しています。今回、研究所10周年を記念して、その連載の一部を実践ノートとしてまとめました。

つながりあそび・うた研究所所長
二本松はじめ

子どもの心

笑う。泣く。怒る。
子どもたちの心は、どこまでもやわらかく、でっかい。
おとなより、もっともっと、でっかいぞ。

スターショーで1年中いい気持ち
「だって、ぞう組だもん」「ねー」

ずっとあこがれてきた年長クラスになることって、子どもたちにとって本当にうれしいことなんですね。

わたしのクラスの子どもたちも、いちばん大きなぞう組になったとたんに、その姿がすっかり「年長さん」になりました。4歳児だった昨日までは、どこかのんびりしていたのに…。

保「あら！　もう着替えたの！」

子「だって、ぞう組だもん！」

散歩に行こうとすれば、さっさと保育士のリュックまで用意して、「だって、ぞう組だもん！」。保育士が、ちょっとほかの用事をしている間に、子どもたちだけで給食の準備を始めて「だって、ぞう組だもん！」。

4月は、この「だって、ぞう組だもん！」という言葉を何度聞いたことでしょう。大きくなったことがうれしくて、自分たちでどんどん生活を進め、周りのおとなたちから「さすが」とほめられるたびに誇らしげに
「だって、ぞう組だもん！」

と、おとなの目を見て言い、次に必ず友だちと顔を見合わせて、

「ねー」

と、共感し合いながら、子どもたちはとっても気持ちがよかったのだろうと思います。

おとなたちもまた、そんな子どもたちの姿をとてもいい気持ちで眺めながら、新しい1年をスタートしました。こうして、このいい気持ちを春だけでなく、1年間持ち続けて生活できたらステキだなと思っていたのです。

そんなある日。『スターマン』の合奏で新入児を歓迎しました。合奏のできばえだけでなく、新入児への優しい接しかたや、ふざけないでやろうと励まし合う姿、朝から自分たちでどんどん準備したり、練習したり…。

「新しいお友だちに合奏をプレゼントするんだ。ぞう組になったから、がんばるぞ。」という子どもたちの意気込みの表れかたに「さすが、ぞう組！」と思っ

た保育士たちと子どもたち自身。

そのステキだった姿が保護者の耳に入ると、「わたしたちも見たい、聞きたい！」という声がたくさん届きました。そこで、春の保護者会で、再び『スターマン』の合奏を披露することになったのです。子どもたちは、その合奏披露に「スターショー」という名前をつけ、チケットまで作り、当日を迎えました。これが、1年間続いた「スターショー」の始まりとなりました。

それ以来、絵をかけば「ぞう組スターショー描画バージョン」。ちょっと劇ごっこが広がると、保護者やほかのクラスにチケットを配って「ぞう組スター劇場」と、いくつものスターショーをつくっていきました。

子どもたちが楽しんでいること、得意に思っていること、達成感を味わえたことなど、今いちばん見てほしいところを表現していきました。だから、それをつくり上げていく子どもたちの姿は、とても積極的で頼もしいものでした。準備や進行なども、どんどんアイディアを出し合って子どもたちが進め、保育士はいつも補助的な手助けを行うだけで、当日は保護者と共に、ほとんどお客さんでした。

スターショーを重ねるごとに、周りのおとなたちに認められ、子どもたち自身にも自分たちが成長しことがよくわかって、いい気持ちをいっぱい重ねてきました。

「だって、ぞう組だもん！」

「ねー」

というれしそうな姿。この「ねー」が、とってもだいじだと思うんです。「ぼくたち、大きくなったんだもんねー」「みんなでやったんだよねー」「ぞう組だもんねー」という共感の「ねー」であり、「ねー」と顔を見合わせながら、クラスの仲間が心をひとつにしているんです。

たったひと言の「ねー」の中に、何かに向かっている自分が見え、仲間が見え、ここで暮らし合っているという実感があるんです。

スターショーは、ぞう組を21人のひとりひとりが安心できる居場所にしてきました。

「だって、ぞう組だもん！」

「ねー」

と笑い合いながら、1年間過ごせたことは、子どもたちと保護者とわたしたちのステキな宝となりました。

「自分が今、ここにいる」という確かな実感
おむすびコロリン事件

年長クラスで発表会の劇の題材を話し合ったときのことです。

「あれがやりたい」「これがいい」と話し合う中で、「ぞうのエルマーの劇をやろう」と、子どもたちの意見がまとまってきました。ところが、たくろう君だけは、どうしても「おむすびコロリンをやりたい」と粘ります。ほかの子どもたちは、ぞうのエルマーの魅力をたくさん語りながら、たくろう君に

「お願い、ぞうのエルマーにして…」

と、お願いを始めました。手を合わせたり、床にひれ伏したりしながら、必死でお願いする子どもたちの姿を見て、とてもうれしくなりました。

たったひとりの子の違う意見をとても自然に認めてくれて、責め口調で迫るのではなく、なんとかいっしょに、ぞうのエルマーをやってもらえるように、あれこれ考えてお願いをする…その姿をとても温かく感じました。

だから、たくろう君も安心して自分の気持ちをたったひとりになってしまっても、みんなにぶつけられたのだと思います。

「おじいさんが、おみやげもらって、ふたを開けたときに、お金や宝物をもらって喜んでいるところをどうしてもやりたいんだもん」

とたくろう君はがんばり、「お願い…」とただ何度も繰り返しながら、泣きだしてしまいました。18人対1人の双方のお願いは、ずっと平行線のまま給食の時間が迫ってきます。ここまでひとりでがんばれるたくろう君もすごいな、と思いながらわたしは、「おむすびコロリンのおもしろいところをいっぱい思い出して、それをみんなに話してみたら…。やりたくなる子が出てくるかもしれないよ」と、たくろう君を励ましました。

そして、ほかの18人にも、「みんなもぞうのエルマーがやりたければ、どうしてやりたいのか、そしてたくろう君が『やりたい』と思えるようなところはどこか、考えてみよう」と、投げかけをして給食にしました。

給食の後に、話し合い再開です。

「オレ、考えたよ、おもしろいところ！」と、張り切っていたたくろう君ですが、ほかの子が先に手を上げました。

「たくろう君さ、絵をかくのうまいじゃん。だから、ぞうの絵もうまいと思うからさ、やれるよ」。

これを聞いて、ほかの子も、「そうだ！　そうだ！」と思ったようです。「ハイ」「ハイ」と次々に手を上げます。

「最後のお祭りでいろんな模様のぞうになるときもさ、たくろう君絵がうまいから、じょうずにかけると思う…。」

「絵の具塗るときも、はみ出さないし、だれかがぞうがかけなくても教えてほしい。」

たくろう君の絵のうまさには、どの子も日ごろから感心しているので、次から次へとほめまくります。すると、たくろう君も涙どころか、だんだんと笑顔になって、気持ちよくなって、その場を保育士の代わりにしきり始めました。

「ハイ、次、ゆいこちゃんどうぞ。」

「あっ、ちょっと待って…そこ静かにして！　今、ゆう君が言ってくれるから…。」

といった具合に。

ひととおりみんなの意見が出そろうと、今度はたくろう君が元気に手を上げました。そして、

「先生！　オレ、やっぱりぞうのエルマーにする！」。みんなから拍手と歓声がわき上がりました。

何か1つのことを決めるとき、最後まで粘った子は、泣きの涙で「じゃあいいよ。それで」とあきらめなければならないこともあるのが集団です。確かに、多数決に従わなければならないこともありますが、それがいい方法でないことも多いですよね。このときの子どもたちは、ハッピーに1つの意見にまとまって、みんながとっても気持ちよく劇作りに取り組みました。

認めてもらえることって、本当に気持ちいいですよね。「自分が今、ここにいる」「この仲間の中で自分がきちんと生かされている」という確かな実感があります。

この「おむすびコロリン事件」の中に見た、子どもたちの、互いを大事に認め合う仲間関係をわたしたちおとなも見習いたいものだと思いました。そうしたらきっと、気持ちのいい職員集団で、気持ちよく仕事ができると思いませんか。

子どもって、本当にステキです。

その3

保育の失敗に気づかせてくれた子どものひと言

アサガオの実践失敗記

　ある年、年長児が1人1つの植木鉢を持って、アサガオの種をまきました。毎朝、水をやったりのぞきこんだり、発芽を楽しみに待つ子どもたち。何日か経つと、「先生、見て見て。芽が出たよ。」と、ひとり、またひとりと毎日うれしい報告が続くようになりました。

　ところが、種を深く入れすぎてしまったのか、何日たっても発芽しない子がいます。悲しい顔のその子を囲んで、話し合いを持ちました。

「あたしの3つも芽が出たから1つあげる…。」

「ぼくもあげる。」

「あたしも…。」

と言ってくれる子がたくさんいます。1人3粒ずつまいているので、複数の芽が出た子がたくさんいるのです。こうして発芽しなかった子も、みんなと同じように「自分のアサガオ」を育て始めることができました。

　やがて夏が来ると、花が咲き始めます。自分のアサガオが花を咲かせると、子どもたちのうれしそうな「見て見て」の声が響きます。「よかったね。」「きれいだね。」と保育士や友だちに言われるたびに、笑顔いっぱいの返事が返ってきました。

　ところが、友だちの種を分けてもらって育ててきた子は、初めての花が咲いた日に、周りの子が喜んでくれている中で、こう言ったのです。

「でもさ、これ、もらったアサガオなんだ…。」

　わたしは、頭を打ちのめされたようなショックを受けました。この子は、このアサガオは、自分のまいた種ではなく、友だちにもらった物であることをずっと気にしながら育ててきたのです。そのことに少しも気づいてあげられなかったのです。でも、ここまできて、もうやり直しはできません。ただ、「ごめんね。」と言って抱きしめることしかできませんでした。

　友だちを思いやる気持ちやみんなで分

け合う精神を、さも、子どもたちの中から引き出し、どの子もみんな気持ちよくアサガオを育てているはず…いい保育をしている…というとんでもない思い上がりの陰で、ずっと小さな胸を痛めている子どもがいたのです。

それから数年後、年長児で再びアサガオの種まきをしました。今度は、「自分でまいた種が芽を出した」と言う経験を全員ができることにこだわりました。でも、スムーズにはいきません。なかなか芽の出ない子が4人いました。新しい種をもう一度まくには、そのことを子どもにわかるように伝えなければなりません。理解できるように伝えることができるか、自分自身に問い直しました。そして、自分の力量不足を感じたわたしは、子どもといっしょにまき直すことはやめにしました。

「きっとお寝ぼうさんの種なんだよ。早く起きるといいね。」

そう言って、子どもたちが帰ったあと、こっそりと土を掘り返してみました。芽が出かかっているのに、深く埋めすぎた2人は上のほうへ植え替え、芽が出そうもない2人には新しい種をまいておきました。こうして、ひとり目の発芽から、全員の発芽まで16日もかかって、全員のアサガオの芽が出たのです。友だちの芽がどんどん育っていくのを見ながら、涙した子もいました。5歳児にとっては、とてもつらい16日間だったと思います。保護者も我が子の鉢を心配そうにのぞき込みます。待たせるねらいと、必ず発芽する見通しをていねいに話し、子どもといっしょに待ってもらいました。

だから、やっと芽が出たときの喜びは、それは大きなものとなりました。植木鉢を大事そうに抱え込んで、

「やっと起きたの？　お寝ぼうだね。」

と、うれしそうにいつまでも眺めていました。

やがて、夏に咲いた花は、まさしく自分のアサガオです。最後に芽が出たみりょんちゃんのアサガオも、大きな真っ白の花を咲かせました。

「先生、あたしの花さあ、いっぱい寝たから、こんなに大きくなったのかもね。」

と、ほんとうにうれしそうでした。みんな1輪ずつ、押し花にして、卒園のとき、たいせつに持ち帰りました。

保育の失敗に気づかせてくれた子どものひと言に、心から「ありがとう」と言いたいアサガオの実践でした。

その4

ゾウさんタイム

いやだったことまで喜びに変えてくれるステキな時間

きょう1日を振り返り、楽しかったこと、困っちゃったこと、いやだったことなど、何でも自由に発表する「ゾウさんタイム」を年長の春から、1日の終わりに設けていました。

みんなにわかるように話したり、友だちの話を聞いたり、あしたの当番や行事を確認しながら、少し先の見通しを持ったり、期待をふくらませたりと、保育士が気持ちをあしたへつないでいくリードをしていました。

最初は、「ドッジボールが楽しかったです。」

といった発表から、

「給食のときに、トマトを食べていたら、種が緑のプツプツで、オタマジャクシの卵に似ているなと思いました。」

「お店やさんごっこで、小さい子がお金がないのに買いに来て困りました。でも、かわいそうだから、1個あげました。あしたも、小さい子には、お金がなくても、あげたほうがいいと思います。」

というように、少しずつ自分たちの認識を広げたり、共感を呼びながら、みんなで生活をつくり上げていくものに変わってきました。ときには、

「きょうは、せっかく泥んこをやっていたのに、先生が『ゾウさんタイムやるよ！』って呼んだから、困ったよ。」

と保育士に対しても、批判や意見、要求など本音が出てくるようにもなりました。そして、「こうしたい」という要求が出て、それを実現するためにはどうしたらいいのかを話し合う姿も見られるようになりました。

保育士にとっても、子どもたちの成長のためにと思ってやっていることが、あそびの邪魔になっていることがあるなど、「ゾウさんタイム」が保育を反省するキーポイントにもなりました。

そんなある日。お祭りごっこがあった日のことです。お祭りごっこは、朝から、ゆかたやはっぴなど、好きなかっこうで、出店や盆踊りを楽しむ行事です。

えりかちゃんは、ゆかたを着たかった

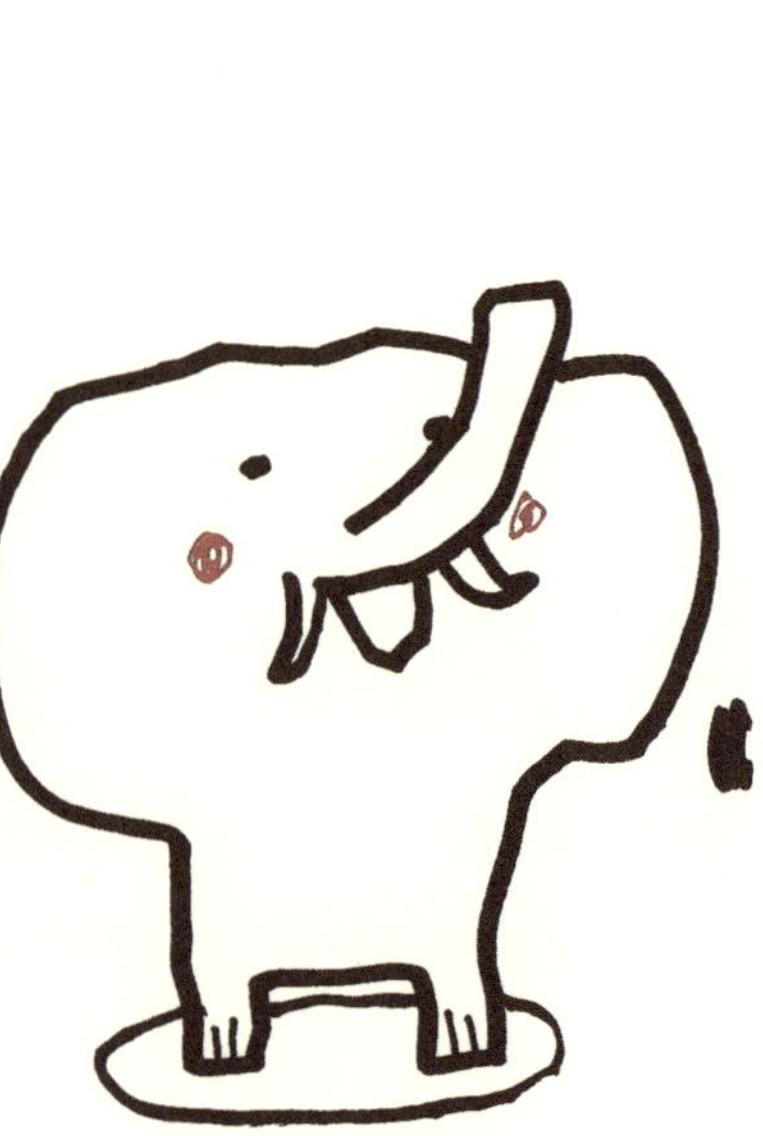

のに、忘れてきてしまい、朝から寂しそうな顔をしています。ふてくされて座り込んでいたえりかちゃんは、

「ゾウ組だろ。お母さんのせいにするなよ。」

「自分でお母さんに言うのを忘れたんだから、がまんしなよ。」

「洋服の子だって、いっぱいいるよ。だいじょうぶだよ。」

「あしたは、忘れないようにすればいいじゃん。」

と友だちにいろいろ言われて、やっとあそびに入り始めました。保育士が、ちょっとかわいそうに思って、はっぴを貸してあげようとしたのですが、

「いい！　えりちゃん、がまんする。あしたは、持ってくるから。」

ときっぱり断っています。でも、その日1日、「ゆかた着たかったな」って、心のどこかで思っていたのですね。

　その日の夕方の「ゾウさんタイム」で、えりちゃんは手を上げました。

「きょうね、ゆかた忘れちゃって、いやだったの。でも、自分で忘れたから…あしたは持ってくるんだ。」

と涙目で発表したのです。すると、みんなから、

「えらいね！　さすがゾウ組！」

「ママのせいにしてないもんね。」

「うん、ちゃんとがまんしたえりかって、すごいね。」

と、拍手が起こったのです。

　えりかちゃんは、思いがけないみんなからのことばと拍手にびっくり。涙目の寂しそうな顔が、笑顔に変わっていきました。1日がまんした自分をみんなが認めてくれて、褒めてくれたことで、何だか自分が誇らしく思えて、いい気持ちになって、その日1日中いやだったことまで、喜びに変わってしまう「ゾウさんタイム」が、とてもステキな時間に感じました。

　認め合える関係があるから、「ゾウさんタイム」で、もっとぞう組（年長組）になるのですね。気づかないうちに保育士がリードして管理してしまう帰りの会を「ゾウさんタイム」で反省させられました。

　泣いたり笑ったり、ケンカしたりという生活の中で、お互いのいいところはもちろん、苦手な面や失敗や、短所も何とか乗り越えようとする姿を認め合う関係を、子どもたちといっしょにつくって、いい気持ちで暮らしたいですね。

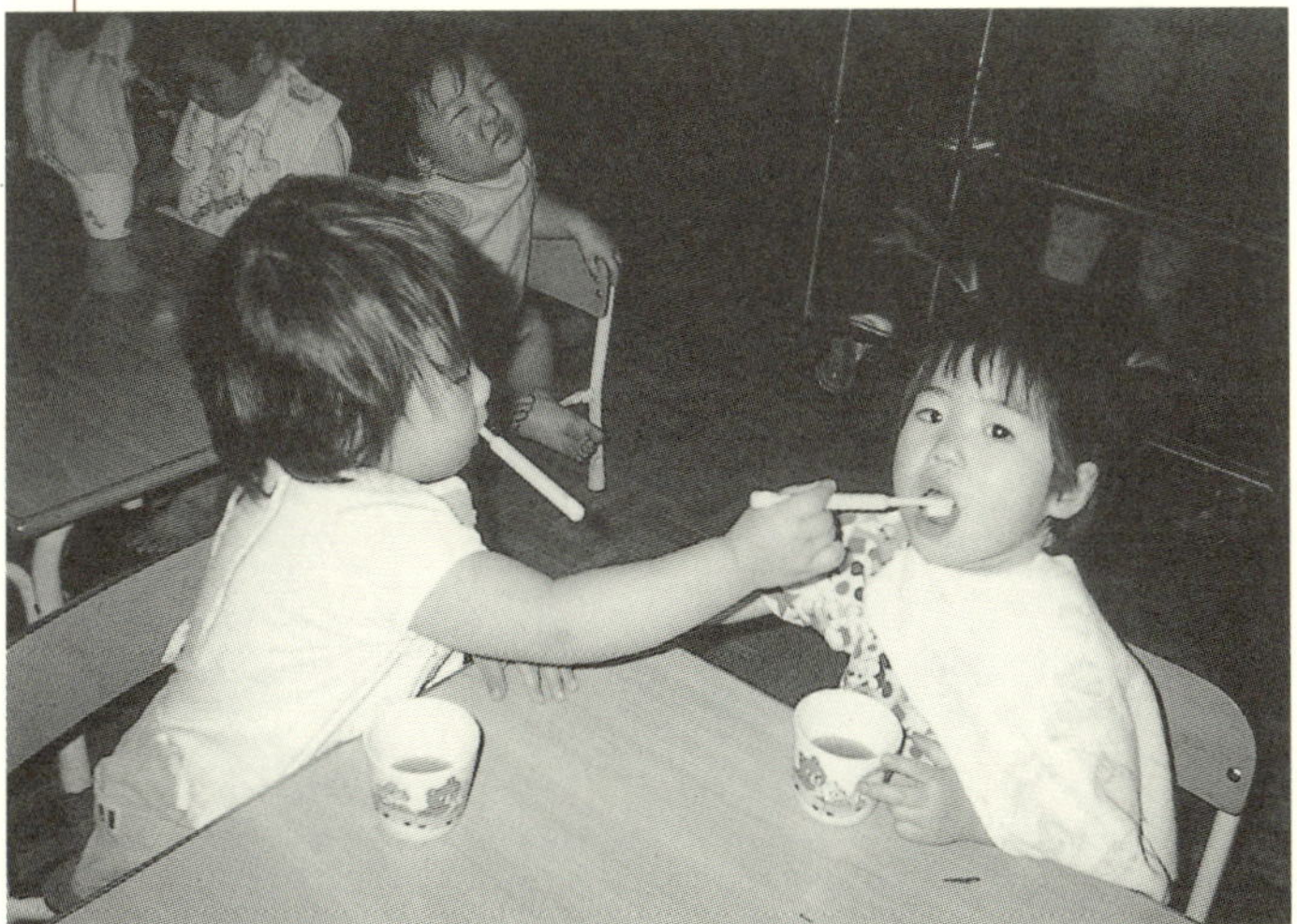

その5

まりこちゃんが知った「順番」の本当の意味
「やーだー！順番ないの！」

　おとなにとっては、できることがあたりまえのことばかりが目標になる1歳児。「こうなってほしい」という1つの目標に到達するまでには、「こうなってほしくない」姿を、子どもたちは必ず通過するものなのですね。

　例えば、「自分で食べる」ことができるようになる過程では、わざとこぼしたり、手でグチャグチャにする姿を見せるし、「トイレでおしっこができる」ようになる過程では、おもらしを何回もしてくれます。「ひとりで服を着られるようになる」過程では、引き出しの服を全部出してしまったり、裏返しや逆さまに着てても、がんこに着替えようとしなかったり、おとなから見れば、「こうなってほしい」願いとは逆のことばかりしてくれます。そこを十分に認めながら、いい気持ちで通過する手助けをすることがたいせつなんですね。

　久しぶりに1歳児を担任して、「順番」にも成長の姿があることに、改めて気づかされました。

　欲しい物をめぐって、しばしばトラブルが起こる1歳児。そのたびに、「順番ね」と保育士が入りながら、あそぶことになるわけです。最初は、訳のわからなかった「順番」も、日々繰り返される場面とことばがけの中で、その意味は、どうやら欲しい物が友だちから友だちへ渡ることらしいと、うっすらわかってくるようです。

　でも、わかり始めのころの「順番」は、欲しい物を手に入れるための自分だけの順番なのです。だから、友だちの持っているおもちゃが欲しいときは、

「順番！」

と言いながら押したりたたいたりして、そのおもちゃを取り上げてしまうし、手を洗おうと思えば、先に手を洗っている子に向かって、

「順番でしょ！」

と言いながら、押しのけて割り込んでしまいます。

　そういう経験を積むうちに、今度は、保育士が入れば、少しなら本当に「順

番」に使うことができるようになってきます。中には、「わかっちゃいるけど、貸したくない」子もいます。そんな子は、ほかの子におもちゃが渡ってしまうと、とたんにひっくり返って泣きだします。そして、再び自分の番が回ってくると、ケロリと笑顔になってあそび始めます。

そうやって、泣いたり笑ったりしてあそんでいく中で、月齢の高い子はそろそろ「順番」の意味がわかり始めます。さあ、そうすると、仲よく順番に貸したり借りたりができ始めると思いますか。まだなんです。「順番にしようね」という場面に出くわすと、

「やーだ！　順番ないの！」

と言って逃げていきます。だって、まだ使いたいのだから、「やーだ！」に決まっていますよね。そうなんです。「やーだ！」と言う姿は、「順番」の意味がわかったからこその成長の姿なのです。

日ごろ、保育の中では、保育士とのふれ合いあそびも、どれをやっても順番で、まだ満足しきらないうちに、友だちに保育士を取られてしまいます。

ある土曜日、1歳児はまりこちゃんがたったひとりでした。幼児クラスの子どもたちが、それぞれに自分の好きなあそびをしている部屋の隅で、担任を独り占めのまりこちゃん。『ダイコン漬け』『ぬくぬく』『ピッタンコ』『ポップコーン』など、彼女のアンコールに応えて、次から次へとあそび、30分ほどたったころ、幼児クラスの何人かが

「ぼくもやってよぉ。」

とそばへ来ました。まりこちゃんは、どうしたと思いますか？

「順番。」

と言いながら、自分から保育士のひざを降りたのです。いつもだったら、絶対に譲ってくれないまりこちゃんなのに…。そのまりこちゃんの姿に、はっとさせられました。

自分が本当に満足したときに、友だちに譲ってあげられるようになるんですね。そして、この姿こそが、本当の意味で「順番」を知ったことになるんだと感じました。

まりこちゃんが体験したような独り占めできる満足を保障してあげることがたいせつなんだと思いました。

心が通い合ったとき
指しゃぶりを分けてくれたゆうすけ君

人間は、お母さんのおなかから生まれたのち、何を幸せと感じるように育ってきたかということが、とても重要だと思うのです。生まれたばかりの赤ちゃんに、父さんや母さんはあったかい笑顔で心をこめた語りかけをたくさんします。指先まで優しさを満たした手で、赤ちゃんのほおを触り、頭をなで、手を握ります。全身（心）を赤ちゃんに向けて、だっこをし、歌いかけます。そうやって育てられるから、肌から、耳から、目から、赤ちゃんもまた、全身で、父さんや母さんのここちよさを、人と人とのつながりのここちよさを「幸せ」と感じる力をつけていくのではないでしょうか。

2歳のゆうすけ君は、家族にたっぷりと愛されているから、スキンシップのここちよさを知っています。だから、人に対して心を開く力も強いです。

ある日のこと、けい君はあそんでいたおもちゃを横取りされ、泣きだしてしまいました。そのようすを見ていたゆうすけ君は、

「取っちゃったねぇ。」

とつぶやくと、けい君のところへすっ飛んでいき、ぎゅーっと抱きついたのです。慰めてあげたかったんですね。でも、勢いがよすぎて、2人いっしょに床に倒れ込んでしまい、けい君はますます大泣きになってしまいました。周りにいた友だちは、

「ゆうすけ、だめでしょ！」

と言ったり、たたいたり…。おまけに、飛びついた場面だけしか見ていなかった保育士にまで

「ゆうちゃん！　何でドンするの。痛いでしょ、ゴメンネしなさい。」

としかられてしまったのです。ゆうすけ君にしかられる意味がわかるはずもありません。ひっくり返って、大泣きです。

たまたますべてを見ていたわたしだけが、突き飛ばしたのではなく慰めにいったのだということを理解してあげられたのです。そのことを周りの友だちと保育士に知らせていると、ゆうすけ君は起き

上がって、わたしにだっこを求めてきました。抱きとめて、けい君を助けにいこうとした行動をまず認めてあげてから、けい君も痛かったことを話しました。すると、ゆうすけ君は、わたしのひざから立ち上がり、

「ゴメンネ。」

と言って、けい君の頭をなでてあげたのです。この場面での「ゴメンネ」は、たった2歳のゆうすけ君には精いっぱいの「ゴメンネ」だったはずです。あやまった後、また泣きながら、わたしの胸に飛び込んできたゆうすけ君を、わたしも精一杯の心をこめて、抱きしめました。しゃくりあげながら指しゃぶりをしていたゆうすけ君は、しばらくして落ち着くと、わたしの顔を見上げています。そして、

「ハイ!　おいしいよ。」

と、指しゃぶりしていた親指をわたしの口もとに差し出したのです。


もしわたしも、ゆうすけ君の行動を見ていなかったら、みんなといっしょに注意していたに違いありません。あなたといることがここちよい、あなたといることで安心、あなたといることが幸せというお互いの存在そのものが「いい気持ち」の関係は、ひとりひとりの声や表情や行動をよく見て正しく理解することから始まる…これは、あたりまえのことです。でも、そのあたりまえのことをわたしたちはきっとたくさん見落としてしまっているだろうなと、反省させられました。

「ハイ!　おいしいよ。」

とわたしに指しゃぶりを分けてくれたゆうすけ君…そんな関係をどの子どもたちともつくっていきたいですね。

その7

いつも見ていてほしい「ひとりで行けらんないの」

「はえば立て、立てば歩めの親心」。そうなんです。「ゆっくり育てたいよね」なんて言いながら、わたしたちおとなは、子どもが何かできるようになると、ついついその先を要求してしまうのです。

でも、できるはずのことを「できない」と、主張する子どもの声に耳を傾けることのたいせつさを、今年も子どもたちから教えられました。

秋のことです。運動会に向けて、マットからマットへの両足跳びを楽しんでいました。運動機能の優れているりさちゃんは、あっという間にピョンピョンと跳べるようになり、ほかの運動あそびも何でもすぐにこなしてしまうので、みんなのあこがれの的でした。いい気持ちで、得意げに跳んだり登ったりするりさちゃんの傍らで、3人の保育士は、できない子に手を貸し、励ましながら運動会に向かっていました。

そんなある日、

「できないの。」

と言いながら、りさちゃんが、マットの上でモジモジしています。

「何言ってるの。跳べるじゃないの。」

と言うと、わざと跳べないふりをして

「んーん、できないのよー。」

と主張します。何でもできていたりさちゃんには、あまり手を貸すこともなく、できない子にばかり気を取られていたわたしたち。そう…いくらできたって、子どもは自分のことだって、いつも見つめていてほしいのです。とってもたいせつなことを教えてもらいました。

つい先日も、こんなことがありました。

トイレで、さまざまな成長を見せてくれる2歳児。春には、みんなおしりを丸出しにしてトイレに行っていたけれど、便器の前でパンツを下げて、立って用が足せるようになったともあき君。保育士がトイレについて行こうとすると、

「先生はいいの!」

と、ドアをピシャリと閉めてしまいます。「ひとりでできる」という自信があるのです。

　ある日のこと、そんなともあき君が、給食のあとの忙しい時間に、

「おしっこに行く。」

と言いました。

「行っていいよ。あとで行くから。」

と声をかけると、いつもならさっさと行ってしまうともあき君が

「ひとりで行けらんないの。」

と同行を求めるのです。

「え〜、とも君ひとりでできるじゃない。」

と言っても、行こうとしません。何か甘えたくなっちゃうようないやなことでもあったのかなぁと思って、つき合うことにしました。すると、ともあき君は

「とうちゃん、こうやってするんだよ！」

そう言って、なんと男の子用のパンツの前あきのところから、オチンチンを出せるようになったところを、わたしに見せてくれたのです。これって、幼児でもけっこう難しいんです。そうなんです。ともあき君は、それをだれかに見せたかったのです。「ひとりで行けない」というともあき君の訴えを一度は無視してしまおうとしたことを反省しました。その日からともあき君の

「ひとりで行けらんないの。」

は、しばらく続きました。そして、いろいろなおとなに何度も見てもらって、大きくなったことを認めてもらって、たくさん褒められて、たっぷり満足したともあき君は、再びひとりでトイレに行けるようになりました。

　子どもが、いつもできることを「できない」と言い張るには、それだけの理由があるのです。その理由に何とか気づいてあげたいですね。

　できることもできないことも、背伸びしたいときも後戻りしたときも、ゆっくりのんびりと、子どもたちを見つめていてあげたいですね。

　おとなだって、いつもだれかに見つめてもらえたら、いい気持ちだものね。

子どもはしっかり覚えている
「まめができると手が痛いんだけど、なんかうれしかった」

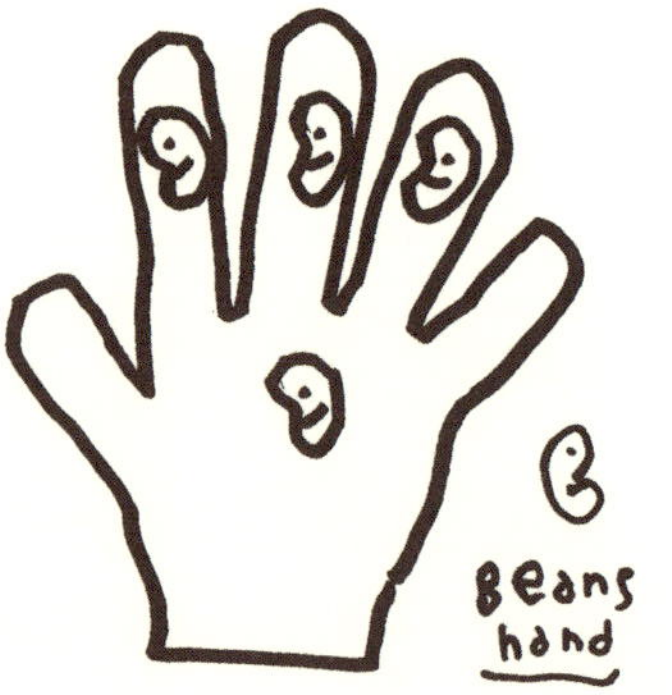

小さいころのことは、だんだんと人の記憶の中から消えていってしまうものです。特に、まだほんの小さなころ、保育園・幼稚園時代のことって、わずかに断片的に覚えているだけではないでしょうか。記憶にほとんど残らない時期の保育を仕事とするわたしたちにとっては、ちょっぴり寂しいことです。でも、だからこそ、ただの思い出作りではなく、毎日のあそびや暮らしの中で人として人間らしく生きる力の土台作りを、しっかりと見据えた保育をしたいと考えています。

　先日、4・5歳児で担任したともよちゃんがわたしを訪ねてきてくれました。今は、小学校の3年生です。なつかしい泥んこあそびでひとしきりあそんだあと、手を洗っていたときのことです。ポケットから出したハンカチがだいぶ汚れていました。ともよちゃんは、手をふきながら恥ずかしそうに

「あれ、こんなに真っ黒になっちゃった。」

と言いました。わたしが何げなく

「いっぱいあそんだ証拠だね。」

と言うと、ともよちゃんは

「やっぱりね。」

と言うんです。

「頭金先生は、いつもそう言ってくれるんだよね。ともよが保育園のときさ、なかなか逆上がりができなくて、手にまめができちゃったときもさ、『がんばった証拠だね』って言ってくれたんだよね。手が痛いんだけどさ、痛いのにまめができると、なんかうれしかった。」

このことばを聞いたとき、うれしくて目頭が熱くなりました。

　年長児のとき、ともよちゃんは何とか逆上がりができるようになりたくて、来る日も来る日も鉄棒に向かっていました。くじけそうになると、先に逆上がりができるようになった友だちが

「ともよ、まめができるようになるまでがんばらないとダメだよ。」

と声援を送りながら、足や背中を押してくれます。そして、またがんばり、ともよちゃんの手にもまめができると、

「やったね。まめができたから、もうすぐ逆上がりができるようになるよ。」

と励ましてくれます。その痛いまめにハンカチを巻いてがんばり、とうとう逆上がりができた日、

「ともよ、いっぱいがんばったから、できたんだよね。」

と、涙目で言ったともよちゃんの顔は、今でもわたしの記憶の中に残っています。


あのときのがんばりが、今もともよちゃんの力になっていることを感じました。そして、「まめができると、手が痛いんだけど、なんかうれしかった」というのは、鉄棒でできたまめも、竹馬でできたまめも、まるで勲章のように誇りに思えるほど、励まし合えるクラスの仲間がいたからこそのことばに違いないと思えるのです。

人間、だれだってひとりでは生きていけないのだから、人を信頼して、安心して頼ったり、頼られたりできる関係を、そしてお互いを認め合い、励まし合える関係を、今年も子どもたちといっしょにたくさんつくっていきたいと思います。

子どもの心に寄り添って

「いらっしゃい　いらっしゃい　プリンでしゅよー」

　2歳児を担任したときのことです。朝から砂場であそんでいたその日、ひとりの子がプリンカップでの型抜きに何度も挑戦していました。保育士や大きい子たちが型を抜くきれいな形のプリンにあこがれていたのです。

　その日、プリンカップの隅まできっちりと砂を入れることを覚えて、とうとうきれいな型が抜けるようになると、

「ほら、見て！　プリンだよ！」

と言って、とてもいい笑顔を見せてくれました。

　さあ、その日は、幼児クラスの子どもたちが中心となって準備を進めてきたお店やさんごっこの日です。そろそろ片づけをして買い物に行こうと誘っても、その子は拒否して、プリンカップを離さずにあそび続けました。

「もう、みんな行っちゃうからね。」

と言っても、少しもその場を離れようとしません。結局、その子1人を砂場に残して、室内で行われるお店やさんごっこへ行くことになりました。ほかの子どもたちに買い物ごっこを楽しませながら、時々砂場をのぞくと、その子は黙々と砂あそびに熱中しているようです。でも、やっぱり保育士たちは、「せっかくの行事だから、お店やさんごっこに何とかその子も誘おう」と、魅力ある品物を手に、入れ替わり立ち替わり砂場に向かって声をかけます。だけど、やっぱり砂あそびをやめようとはせず、とうとうお店やさんごっこも終わりの時間が近づいてきました。

　わたしは、最後の誘いかけをしようと砂場へ向かいました。近づいてきたわたしに気づいたその子は、にっこりと笑顔を見せると

「いらっしゃい、いらっしゃい、プリンでしゅよー。」

とわたしに向かって言います。びっくり！　なんと、砂場の縁にずらりと、きれいに型が抜かれたプリンが並んでいたのです。

　それを見たとき、初めてきれいな崩れ

ていないプリン型が抜けるようになったことを、その子がどれほどうれしく思っているのかということを、その喜びの重みを感じました。

「プリンくださいな。」

「ハイ、じゅうえんでーしゅ。」

並べられたプリンは、何と64個！

　この子が、その日の朝に初めてきれいなプリン型が抜けるようになったことをキャッチできていたから、かろうじて無理やり行事に誘い込まずにすんだことに、ほっとしました。同時に、なぜ、初めてできたというその喜びの大きさに、もっと寄り添ってあげられなかったのだろうと、反省しました。行事があると、ついその行事の中で、子どもたちはどうであったかという見かたをしてしまいます。

　でも、必ずしも行事に参加することが、その日のすべての子どもにとって、ベストであるとは限らないことをその子に教えられました。

　この日、準備された品物は何1つ買わなかったけれど、64個ものプリンをたったひとりで黙々と作り、

「いらっしゃい、いらっしゃい、プリンでしゅよー。」

と、わたしに売ってくれたこの子こそが、だれよりもステキなお店やさんごっこをしたのだと思います。

りょうた君が教えてくれたこと

「いい気持ち」の基本は、愛されているという実感

4月。わたしは持ち上がりではない5歳児を1人で担任することになりました。保護者も子もわたしも、お互いの探り合いから始まる緊張の4月でした。

わたしに好かれようと、一生懸命突っ張っていい子を演じようとしたり、不安を隠せずに泣きながら登園したり、ひと言もしゃべれずに1日を過ごす子もいました。そんな子どもたちひとりひとりに

「わたしはあなたの絶対の味方だよ。愛しているよ。」

ということをできるだけ早く伝えなければなりません。それを第一の目標にして、1か月あまりを過ごした5月のある日、午睡前のクイズあそびを、いつものように楽しみました。

クイズの答えを、わたしの耳もとでささやいていき、正解した子から布団に入って寝ます。わたしは子どもたちとだいぶ仲よくなれたことを感じていたので、その日、

「ひまわり組で、わたしが大好きな子はだれでしょう?」

という問題を出しました。正解は、もちろん「全員」です。

ホールの入り口に並び、1人ずつ順番に答えを言いに来ます。ニヤニヤしながらやって来て、最初に自分の名まえを言ったり、まず友だちの名まえを言ったり…。そのたびにわたしは、

「ピンポーン！　でもまだいるんだ。」

と言います。3、4人の名前を答えると、どの子も「どうやら正解は、『全員』らしい」と気づきます。そこで、

「わかった！　みんな！」

と答えて布団に入る子、または、敷かれている布団に目をやり、順番に全員の名まえを言う子と、答えかたはいろいろですが、みんな正解して、布団に入っていきます。

さて、りょう君の番がやってきました。いつもの元気がなく、顔が曇っています。クラスの中で、優等生タイプの友だちの名まえから答えていくりょう君。何人か答えたところで、りょう君も「全

員」だと気づいたようで、布団に目をやり、順番に名まえを言い始めました。

　ところが、自分の布団まで来ると、ひと呼吸おいて、飛ばしてしまったのです。そこまでの元気のない顔と声で、わたしもりょう君の気持ちを少しずつ感じていたので、

「ピンポーン。まだいるよ。」

と言うたびに、声が震えてしまいました。そして、りょう君が自分の布団を飛ばして、友だちの名まえを言ったとき、もうそこで、

「りょう君も大好きだよ。」

と言って、抱きしめてしまいたかったけれど、あえてそのまま続けました。最後の友だちの布団まで来ると、りょう君だって、もうあとは自分しかいないことは、よくわかっています。それでもすぐには、自分の名まえを言えずに、自信のない顔で上目づかいに、わたしをチラチラ見ながら、やっと途切れるような声で

「りょう…く・ん・」

と答えてくれました。

「ピンポーン！　りょう君大好き！」

そう言いながら、わたしはりょう君もぎゅーっと抱きしめたのです。

　小さな妹が2人いるりょう君は、自分の気持ちをじょうずに出せなくて、確かに保育園では、いちばんのトラブルメーカーでした。友だちに向かって物を投げたり、いすを振り上げたり、危険な行動が多いので、どうしても朝から晩まで、いつでもどこでも、たくさんのおとなにたちにしかられてしまうのです。でも、自分が愛されている実感が持てなくては、友だちの気持ちなんてわかるはずもありません。

　わたしは、これまでの保育を反省しました。りょう君がなぜ、「ぼくを好きであるはずがない」という思いを持たなければならなかったのか、この子は、いったいどれくらい前からこんなつらい思いをしてきたのだろうかと、申し訳ない気持ちでいっぱいになりました。

　幸い、この日を境に、りょう君は「自分も愛されているんだ」という自信を持ち始めてくれましたが、りょう君が小さな心を痛めてきたそのことを、決してむだにしてはいけないと思っています。そして、わたしたちの保育の大きな反省として、これからに生かしていかなくてはいけません。

　「いい気持ち」の一番の基本は、愛されているという実感です。そのことを、改めてわたしたちに教えてくれたりょう君、ありがとう。

　愛しているよ…りょう君。

けんちゃんの成長
みんなと同じようになりたい

保育の世界では、「無理強いはいけない」「子どもの自発性をたいせつにしていこう」ということが、さまざまな場面でだいじに語られ、実践されてきました。わたしも、もちろんそのことはたいせつな基本として保育をしてきたのですが、ここ数年「無理をさせることが必要なときだってある」ということを、何人かの子どもとの出会いで実感し、考えています。

0歳で入園したけんちゃんは、ちょっぴり発達がゆっくりな子でした。保育園では、「けんちゃんのありのままを認めよう」と、だいじにされて育ち、年長児になりました。けんちゃんは、ことばを獲得しているのに、話そうとせず、できない（やらない）ことがあってもあたりまえで、特に人前に出ることが嫌いでした。いつも周りの子どもや保育士に助けられながら、1日を何とか過ごし、行事では見ているだけで決して何もやらないままに、年中児まで過ごしてきたのです。

わたしは、年長児でけんちゃんの担任になり、その姿と、けんちゃんに対する周りの子どもたちの対応に、ふと疑問を持ちました。助けてもらうのがあたりまえ、助けてあげるのがあたりまえという関係ができ上がっていて、けんちゃんがひとりでできることまでだれかが手伝っていました。

ほとんどしゃべらず、ただクラスにいるだけ…これで保育園生活が楽しいはずはないという状況のまま、0歳から5年間、なぜけんちゃんは保育園に通ってこられたのだろうかと考えました。

周りの友だちを見ていて、けんちゃんだって、あんなふうに笑い、しゃべり、元気にあそべる子になりたいと、心のどこかで思っているのではないか、そんな願いを持っているからこそ、5年間も通ってこられたのではないかと、思ったのです。

わたしは、けんちゃんに対する周りの子どもたちの手伝いをカットしました。特別扱いをやめ、自分でできる力があることは、時間がかかっても、ひとりでやってもらいました。「自分でやりなさい」「自分で言いなさいね」「先に行ってるからね」と、けんちゃんにとっては無理をさせることになったわけです。でも、やってもらってあたりまえになっていたことがひとつひとつ、けんちゃんの手の中に帰っていくたびに、けんちゃんは自信をつけていきました。その姿を見ていて、食べたり、着たり、しゃべったりというあたりまえのことが、あたりまえに、自分でできるようになるたいせつさを、改めて感じました。

そして、7月の縁日ごっこでは、たくさんのお客さんの前で、ついにみんなといっしょに踊りを披露することができました。さらに、運動会では

「おひさまに向かってスタート!」

というけんちゃんの声のリードで、ダンスが始められるくらいになりました。これまでのけんちゃんからは想像もできないその姿は、もちろんすんなりと生まれたのではなく、そのきっかけはいつも

「けんちゃんもやってごらん。」

と、無理を強いることから始まっていました。だから、わたしたちは、「けんちゃんの運動会は、もうこれで十分」と考えていたのです。でも、さらに驚くようなできごとが起こったのです。

運動会のクラス競技の1つに、戸板登りがありました。高さは2種類。けんちゃんは、低い戸板でも怖くて、なかなかできなかったのです。自分からはやろうとしないけんちゃんを何度も誘い、やっとできるようになりました。わたしたちおとなは、「それでよし」と考えて、けんちゃんには、いつも低い戸板を用意していました。ところが、いつものように練習していたある日、何げなく

「高いのもやってみる?」

と声をかけると、何と高い戸板を登りきったのです。

おとなたちが勝手に、これまでのけんちゃんから判断して目標を設定し、それを達成したのでもう十分と決めつけてしまっていたのです。でも、それはまちがいでした。けんちゃんも、ほかの子どもたちと同じように高い戸板を越えてみたいという願いを持っていたのです。

けんちゃんのように、声をかけてもらわないとなかなか自分からやれない子の場合は、「本当はやりたい」という願いをおとなが見抜いてあげられないことも多いと感じました。

「みんな違ってみんないい」のだけれども、「あなたはあなたのままでいい」のだけれども、「大きくなりたい」という願いはどの子も持っていて、その点では「みんなと同じようになりたい」という思いを、おとなの勝手な思い込みでつぶしてしまわないように、ていねいに子どもたちの願いを見つめていきたいと思いました。

一時は、かわいそうかなと感じるほどの無理強いをしながら、ひとつひとつのことを越えてきたけんちゃんは、今、とても大きな声で友だちとの会話を楽しみ、笑い、イキイキと気持ちよさそうに毎日を過ごしています。

りょう君のその後

「りょう君、このごろさ、友だちのことけったりとかしなくなったね」

きっとりょう君だって、本当は友だちをたたいたりけったりなんかしたくはないのです。それがいけないことくらい言われなくてもわかってはいるんです。そんなりょう君の、丸ごとをまず受けとめながら、ちょっとがまんができて、より楽しさが増したときの気持ちよさをていねいに共感し合うことを重ねてきました。

そうしながら、りょう君のいいところ、物知りであそびをいつもリードしてくれる姿を、クラス全体で認め合っていくこともだいじにしました。

家庭では、小さな妹2人がいるけれど、お母さんもまた、いつもいいお兄ちゃんでいてもらうのではなく、時には"りょう君のママ"をたっぷり感じられるようにしてくれました。

そして、2000年1月、午睡の布団の中で、りょう君はこんなことを言いました。

「あのさ先生…りょう君、このごろさ、友だちのことっけったりとかしなくなっ

たった5歳のりょう君に「愛されているのはぼくであるはずがない」と思わせてしまった保育を大きく反省し、りょう君はもちろんのこと、ひとりひとりの子どもたちに愛されている確かな実感を持ってもらうことをだいじにしながら保育にあたってきました（りょう君のことは、P.22〜23を読んでください）。

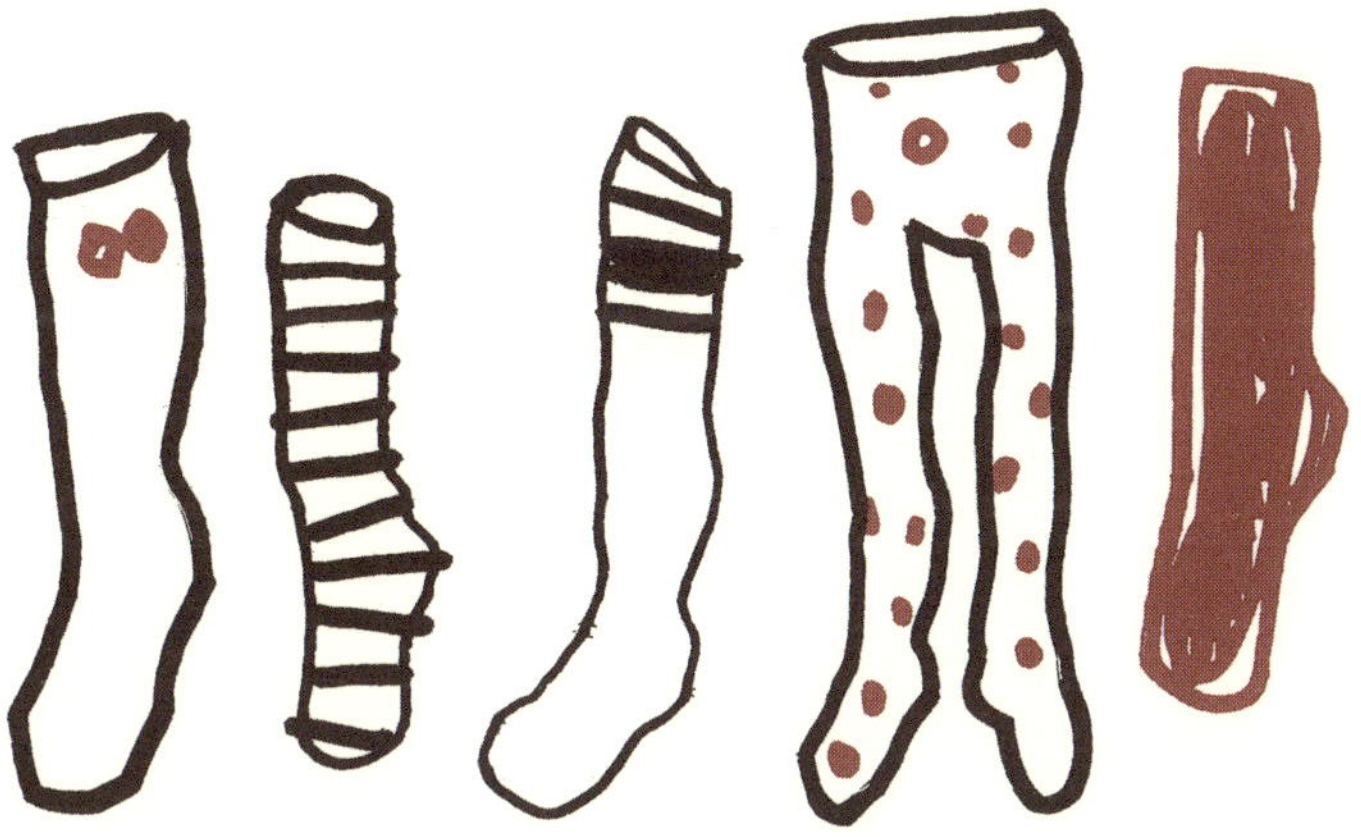

たね。」

そう言うりょう君の顔と声はとっても穏やかで、うれしそうでした。

今、りょう君は、愛されている実感が持てています。その中で、ステキに変身してきた自分自身の姿を、自分でもまた好きになっているんですね。これは、そんなひと言だったと思うのです。

“愛されている実感”や“自分を愛せる”ことは、人間らしく生きていく大きな力です。だから、りょう君のこのことばは、わたしにとって、とてもうれしいものでした。

このりょう君の変化は、周りのおとなたちが彼をしっかり受けとめることだけで実現したのではありません。クラスのひとりひとりの子どもたちが、愛されている実感を確かなものにしていく中で、お互いを認め合う関係を築いていったからこそ、りょう君もまた変わってこられたと、思っています。

何しろ、進級当初は、まだたったの5歳だというのに、ほとんどの子がだっこが嫌いというクラスだったのです。つながりあそびの出番です。年長児だけれど、『ポップコーン』『わにの背中に』『カエルの親子は』『ホッペパン』など、小さなときに楽しみたい歌を中心にあそびました。そうやって、体と体の触れ合いのここちよさを思い出してもらいながら、一方では、小さな背伸びを重ねて、年長児としての誇りを持たせていくことを考えてきました。

だから、「りょう君、このごろさ、友だちのことけったりとかしなくなったね」ということばは、実はりょう君のものだけではなく、クラスみんなに当てはめることができるのです。ひとりひとりが変われたから、みんなが変わって、みんなが変われたからひとりひとりが変われる…やっぱり、人間のつながり合いって、楽しくてステキですね。

クラスの成長

いちばん争い

りょう君が、たくさんの人から愛されている実感を持ち、変わっていたことは、同時にクラス全体の変化でもありました（りょう君のお話は、P.22〜23、P.26〜27を読んでください）。

確かにりょう君の乱暴は、クラスの中でも目だってはいました。でもそれは、りょう君だけではなく、ほとんどの子どもたちに見られた姿でした。おとなたちが愛しかたをちょっとまちがえてしまったために、子どもたちも「いい気持ち」の感じかたをまちがえてしまったのではないかと思います。

春は、ただ並ぶだけでもケンカが起こりました。しかも、ケンカがケンカを呼んで、なかなか次へ進めないくらい大きくなってしまったのです。いちばんになりたい子が多かったのです。

だれかの優しい行いを保育士がみんなに紹介すると、

「だけど、この前、ぼくのことぶった。」

「おれだってやられた。」

と言い、認められないのです。だれかががんばってできるようになったことを紹介しても、

「そんなのぼく、とっくにできるもん。」

「だけど、○○はまだできないじゃないか。」

と、それぞれに主張するばかりでした。

おまけにだれかが泣いていたり、何かが壊れていたりすると、見ていなくても

「りょう君がやったんだろう。」

ということになってしまうのです。おとなしい子は、本当はいちばんになりたいときがあっても、後ろの方でじっと耐え、できたことがあっても、保育士にだけこっそり知らせに来るのです。こんな関係の中では、だれも気持ちよく過ごせるはずはありません。

そこで、まず、何をするにもお互いの姿をじっくり見つめ合うことをたいせつにしました。そこに見えるよい面も悪い面も、それぞれの2つの目でよく見てもらい、押しつけにならないように注意を

しながらことばを添えて、心の目で見ていけるようにと、根気よく続けてきました。

例えば、並ぶだけでも必ず起きるいちばん争いのケンカ。いつも決まった5人で争われ、その後ろには本当は自分もたまにはいちばんになりたいのだけれど、5人には勝ち目がないので、ケンカに加わらない3、4人。さらにその後ろには、いちばんになることなど始めからあきらめきっていて、「並んで」と言われたらさっさと後ろの方へつこうとする3人。また、いちばんになったり、何かができたという結果での自己主張は苦手だけど、自分の方を向いてもらうために、5人に対して一生懸命に“いい子”を演じる1人。そして、どうせ並ぶまで時間がかかるので、それまではあそび続ける2人。こんなふうに、いつも決まった図式ができ上がっていました。

やっと並べたところで、わたしは必ず、

「1番でも5番でも、14番でも○○へ行けるよ。」

ということを話しました。ケンカで決まったその順番のまま出発することもあれば、時には、回れ右をして、先頭を変えてしまったり、

「きょうは9日なので、ここから出発します。」

と、9番目の子を先頭にしたりしました。子どもは悔しがったり喜んだりするお互いの姿を見つめ合いながら、いちばんになりたい願いはだれでも持っていることや、その願いを初めからあきらめてしまわなくてもいいことがわかり、決まっていた図式は少しずつ崩れていきました。そんな日常の何げない場面での見つめ合いをたいせつにして、毎日を過ごしてきました。

そして、クラス全体が1つの目標に向かう取り組みの中で、またその姿を徹底的に見つめ合う中で、だんだんと認め合うこともできるようになってきたのです。

「ぼくが！」と、友だちを認めることができない子は、自分も認められている実感がないのですね。だから、そのことをただただしかるだけでは、その子はますます愛されている実感が薄くなってしまうのではないでしょうか。

そして、「ぼくが！」という強い自己主張の影でいつもがまんしている子を、扱いやすいいい子として見過ごしてばかりいたら、その子は意欲を持てない子になってしまうのではないでしょうか。

まず、どの子にも、

「わたしはあなたを愛しているよ。何があっても、絶対の味方だよ。」

ということをていねいに伝え、それを土台に、少しがまんしたり、少しがんばることを要求していきます。その姿をお互いに見つめ合うからこそ、友だちの姿が見え、友だちの中での自分の姿も見えて、認め合える仲間になっていくのだと思います。「まず見つめ合う」ことのたいせつさを子どもたちからたくさん教えてもらいました。

大きい子にあこがれる3歳児
魔法の縄跳び

「♪ウサギがね、ピョンピョンピョンピョンはねてるよ〜」

このあそび、大好きです。互いに見つめ合って、野原を跳ねながら、草（足）のトンネルをくぐったり、木の切り株（馬跳び）を飛び越えたり…。そして、わたしがいちばん好きなのは、草で編んだつもりの大縄飛び！

つながりあそび・うた研究所の研修会に行って、二本松さんのリードで初めてこのあそびを体験したとき、本当は縄なんてないのに、回す人も跳ぶ人も、みんなしっかりと縄が見えているかのように、楽しくあそべたことに感動してしまいました。いつか実践してみたいなと、心の引き出しにだいじにしまっておいたのですが、これが、今年の3歳児にぴったりだったのです。

ある日、園庭であそんでいるときに、年長児たちが大縄跳びをしていたのです。それを見て、ゆう君が

「ねぇ、先生もあれ、できるの？」

って聞くのです。

「できるよ。」

と答えると、

「やってみてよ。」

と言いながら、年長児の担任にやらせてくれるように、頼んでくれたのです。

そこで、わたしは軽やかに大縄を跳び始めたのですが、それを3歳児たちがおとなしく見ているはずはありません。

「ぼくもやりたい」「わたしもやりたい」と、もうたいへんな騒ぎになってしまいました。

そこで…本当は運動会までしまっておこうと思っていたあの魔法の縄跳びですが、今こそグッドタイミングだと、やってみることにしました。

「かとちゃん、そっち持ってね。とうちゃんがこっち持つから…。」

担任2人で、わたしたちにしか見えない縄を出してきました。そして、

「さあ、回すからね。ハイ、みんな、並んで並んで。」

と声をかけてみました。すると、子どもたちにもこの魔法の縄がちゃーんと見えていたのです。

「い〜ち、に〜い、さ〜ん…」

わたしたちが数える声に合わせて、真剣な表情で跳ぶ子どもたち。10回連続で跳べると、それは、もう大騒ぎ！次の瞬間、靴を脱ぎ散らかして、職員室へ走っていき、

「見て見て、縄跳びできたんだよ！」

と園長や主任を引っ張ってきました。褒められるとますますうれしくて、そこらじゅうのおとなに声をかけては、見てもらうことになりました。ここまで、跳べたつもりを味わってくれるとは考えていませんでした。まさしくこれは、魔法の縄です。

大きい子にあこがれて、何でも同じようにやってみたくなる3歳児たち。だからといって、縄跳びはまだまだ無理。ところが、この魔法の縄なら3歳児にも跳べて、そしてみんなで「やったー」という気持ちを共感できるのです。この年齢にはもってこいです。どこへでも持っていけて、持っていないくらいに軽い（?）し、どの子も安心して挑戦できるこの縄跳びを、わたしはそれからあちこちへ持っていきました。

散歩先でもプールの中でも、子どもたちから

「とうちゃん、縄跳びやろうよ。」

という声が上がるようになりました。そして、ステキなことに、そうやってかけ声に合わせて跳んでいるうちに、いつしかたくさんの子どもたちがリズミカルに跳べるようになっていくのです。だからきっとこの魔法の縄跳びを3歳児クラスでたくさん経験しておくと、来年、本当の縄跳びに出合ったときには、そのコツや意欲の持ちかたは、バッチリだと思います。

運動会でもやってみました。♪うさぎがね〜♪の歌にのって、ケンパ跳びやジグザグ跳び、跳び降りなど、さまざまな跳びかたを披露しました。そして、締めくくりは、もちろん魔法の縄での大縄跳びです。周りのおとなたちに「い〜ち、に〜い、さ〜ん」と数えてもらいながら跳ぶ3歳児たちの顔は、とても誇らしげでした。

魔法の国のあいさつは「へいそわー」

魔法にあこがれているわたしのクラスの子どもたちの、元気な朝の第一声は、

「へいそわー」。

魔法の国では、おはよう、おやすみ、こんにちは、さようなら…あいさつは何でもかんでも、みんな「へいそわー」なんです。

なぜ子どもたちが魔法にあこがれているかって? わたしはトンプキンという魔女ネームを持っていて、時々「魔法の国へ勉強に行く」と言っては、二本松さん(ピカリン)の研修を受けていたのです。そして、勉強から帰ってくると、その成果を披露していたのです(ほんとうは、手品なんだけど)。で、子どもたちも魔法の国にとっても興味を持ってしまったわけ。

ある日、子どもが聞きました。

「ねぇ、魔法の国ってなんていう名まえなの?」

そう聞かれた同僚の里絵さんは、とっさに二本松さんの頭を思い浮かべて

「ひかりの国」

と答えてしまったのです。すると、またまたある日、文字の読める子が

「せんせ～、ひかりの国の本見つけたぁ! 読んでぇ!」

と、わたしのところへ持ってきました。子どもが持ってきた本は、保育用品を扱う「ひかりのくに」のカタログでした。

何人かの子どもたちが集まって、大騒ぎ。

「ど、ど、ど、どうしよう」

とわたしはドキドキ。でもここで、子どもたちの夢を壊すわけにはいきません。覚悟を決めて、分厚いカタログの1ページをめくりました。

そうしたら、出てきたのです。「へいそわー」が。
「平素は当社にご愛顧を賜り…」という漢字ばかりのあいさつ文。「よかった！　よし！」とばかりに読みました。
「へいそわー！　魔法の国では、あいさつは何でもへいそわー。おはようもおやすみもへいそわー。さようならもへいそわー。いただきますもへいそわー。」
この苦し紛れの本読みがきっかけで、魔法の国のあいさつ「へいそわー」が誕生しました。

魔法と称して手品をしていても、年長児になると、

「どうせ手品でしょ。」

なんて言う子もいます。でもね、転勤でバラバラになった魔女仲間に会ったとき、

「あっ、魔女のお友だちだ！　あの人に魔法の国のあいさつしてごらん」

と言うと、子どもたちはさっそく元気に
「へいそわー」。

そうすると、わたしを確認しながら、よその園の保育士が
「へいそわー」

と返してくれるんです。そんなことが続くと、年長児でも、だんだん魔法を信じて、夢をふくらませてくれます。夢がふくらむって、何かいい気持ちです。


みなさん！　今度わたしを見かけたら、ぜひ、

「へいそわー」

って、声をかけてくださいね。

関連エッセイ
P.30-31

関連楽譜とあそびかた
指導・二本松はじめ

うさぎがね

作詞・作曲　二本松はじめ

C F G
のはらをね　うさぎがね　ピョン ピョン ピョン ピョン　はねてるよ
(いっぴきの)
C F G C
わかくさの　かぜになって　ピョン ピョン ピョン ピョン　はねてるよ

両手でウサギの耳をつくって、リズムに合わせてピョンピョン跳ねましょう。
この歌を縄跳び歌にしても楽しいですよ。3歳児だったら「透明の縄」で跳んでるつもりを楽しめます。

あそびの姿

1冊の絵本も、1つのあそびも1曲の歌も、
だいじにだいじに楽しみたい。

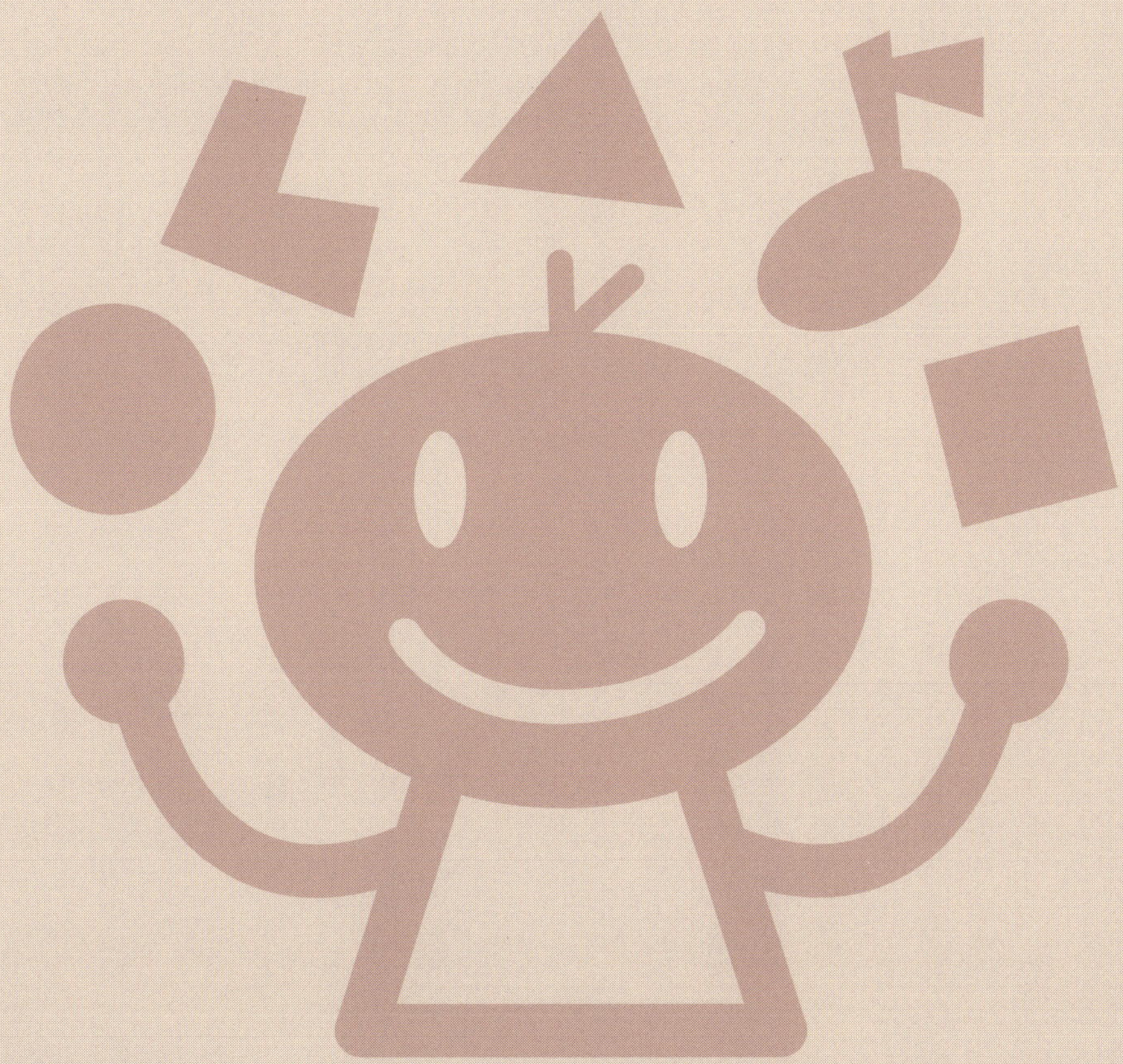

その1

運動会での試み 忍者でござる

保育園では、春から♪おいらは〜忍者でござる〜♪とあそび始めていた忍者ごっこ。3歳児クラスの忍者と4歳児クラスのオバケで、化け比べをしたり、仲よくなっていっしょに冒険に行くなど、その日によってどんどん展開が変化していくごっこあそびとして、盛り上がっていきました。

夏になって、プールが始まると、4歳児ではプールの中での忍者ごっこが流行しました。♪おいらは〜♪と歌いながらプールの中を歩きまわり、保育士が

「水とんの術！」

と言うと、子どもたちはあお向けに寝て、口からプクプクと息を吐きます。「どんぐりの術」では、水の中で連続回転。水中で目を開けることなど、ほかのいろいろな技も、すべて「修行」というあそびになり、子どもたちは「りっぱな忍者」を目ざしました。

4歳児のプールの目標、「水の中で浮くこと」も、忍法「木の葉の術」として取り組むことになりました。水が苦手だった子も、不思議なくらい積極的に水に向かう姿が見られました。

プールが終わって9月になると、保育の内容は一気に運動会に向かいます。大縄くぐり、登り棒、鉄棒前回りなど、さっそくやってみました。でも、どれをとっても必ず、

「ぼく、やんない。」

と、誘ってもやろうとしない子がいるんです。そんな子が、ひと昔前より増えているなって感じませんか？　見栄やできばえ、結果で評価される競争社会の中で育ってきた世代が親となり、子育てをしているからでしょうか。小さいころから過程より結果が求められ、自信のあるものしかやろうとしない子が増えているように思います。そんな子どもたちを無理強いせずに、運動会に向かえるようにするにはどうしたらいいのか悩みました。

そんなとき、プールでの忍者ごっこ

を思い出したのです。運動会を意識せずに、忍者ごっこというあそびとして、運動会でやりたい種目を取り入れていこうと考えました。そして、陸地での修行が始まったのです。

子どもたちは、すぐに興味を示して、飛びついてきました。鉄棒の前回りは、「ぐるりんぱの術」。登り棒は、「サルの術」。片足跳びは、「石渡りの術」。夏のプールに続いて、忍法の名まえをつけ、修行として取り入れたのです。

もちろんそれだけではなく、さまざまな方向から忍者ごっこを盛り上げました。散歩に出かけるときも、ふろしきにおやつを包んで背中に背負い、忍者になって出発！　車が来れば、ササッと道路の端に寄って壁に変化（へんげ）したり、ときには通行人を「くせ者」に見たてて、その人が通り過ぎるまでじっと石に変化（へんげ）して、道に転がっていたりと、とにかく忍者をみんなで楽しみました。

４歳児のクラス名は「きりん組」ですが、このきりん組の部屋を「きりん忍者学校」と呼ぶようになり、窓には黒い格子もはられました。子どもたちも「へんげのやす」「あきまる」「おゆき」などの忍者ネームを持つようになり、お父さんやお母さんを「親分」と呼ぶようになりました。

こうなると、気分はもう、すっかり忍者です。そして、「ぐるりんぱの術」や「サルの術」の修行に、どの子も積極的に向かっていけるようになりました。こうした忍者ごっこは、ごく自然に家庭でも展開されるようになり、子どもたちがイキイキとあそぶ姿は、保護者にも影響を与え始めました。

子どもたちのござることばが親にも伝染して、家庭での忍者ごっこのようすをござることばで連絡帳に書いてきてくれたり、お迎えがちょっと遅れて子どもに文句を言われると

「ただいまでござる。遅くなってしまい、かたじけない。」

と、親分忍者を演じてくれるようになりました。

また、忍者ごっこはあそびだけでなく、生活面でも子どもたちを変えていきました。「忍法サササ着替えの術」「早起きの術」と、何でも忍法に結びつけてしまい、給食の時間は、「食の修行」となりました。

そんな生活の中で、クラスでは、運動会を「忍法披露会」と設定して、修行に楽しく取り組み続けていました。そして、迎えた運動会当日。いよいよさまざまな忍法をみんなに見てもらうわけです。気分を盛り上げるために、忍者服を用意し、まずは、ひとりひとり忍者ネームが呼び上げられるところからスタートです。忍者たちは集団となってササッと園庭を駆けながら、修行を積んできた忍法を次々に披露しました。ごっこあそびとして、途中に石や木に変化（へんげ）するあそびも入れながら展開したので、緊張する子もなく、楽しく進んでいきます。

最後に、「あっ！　くせ者だ！」と思ったら、登場したのは、忍者服に身を包んだ2人の親分忍者（お母さん）でした。子どもたちにはないしょで手作りした千里眼を修行のほうびとして、プレゼントしてくれたのです。

春に、二本松さんに教えてもらった『忍者でござる』がきっかけとなって、大きく盛り上がった忍者ごっこ。そこに運動会を盛り込むことによって、あそびの中で自然に運動機能も高めていくことができました。また、子どもたちのイキイキとした姿が、保護者までをも巻き込んでいく結果になり、保育士も心から楽しむことができました。

「がんばれ、がんばれ」という雰囲気の中で、友だちと励まし合いながら、「がんばったからできたんだ」と実感する運動会も、経過をしっかり見る目を忘れなければ、確かに子どもたちの中にたいせつなものを育てていくでしょう。でも、がんばらなくちゃならないことがたくさんある今の社会で、こんなふうに「楽しくあそびほうけているうちにできちゃった！」という方法もステキだなと思えた今年の運動会。「保育者自身がまず心から楽しむこと

がたいせつ」
という二本松さん、のことばが改めて
心にしみる実践でした。

「楽しいね」を共感しながら、生きる力をつけていく

1歳児と『ダイコン漬け』

4月からの新しい職場では、1歳児の担任となり、つながりあそび『ダイコン漬け』をしてあそぶことを当面の目標として、新たな気持ちでスタートしました。

本当は、わたしの大好きな『ダイコン漬け』を早くやってあげたかったのだけれど、あそびのリードは持ち上がりの保育士にお任せして、わたしはありったけの心を込めて、生活面の世話をすることから始めました。1歳児にとって、わたしは警戒すべき“知らないおばちゃん”です。そんな信頼のおけないおばちゃんと“いい気持ち”になってあそんでくれるはずはありません。あせらず、がまん、がまん…。

1歳児にとって、“いい気持ち”になれるのは、やっぱりまず生活面ですね。おなかがいっぱいになって、いい気持ち、おむつを替えてもらっていい気持ち、ねんねしていい気持ち、やっとやっとママに会えて、いい気持ち…。そんな生活のさまざまな場面に寄り添うことで、知らないおばちゃんにもやっと少しずつ心を開いて、頼ってくれるようになりました。でも、あせりは禁物…『ダイコン漬け』は、もうしばらくおあずけです。

生活の場でも、あちこちで歌います。手ぶり、身ぶりもつけます。ちょっとずつまねっこをしてくれるようになった子どもたち。体に触れながら、歌い始めます。外あそびから帰って、足を洗ってあげるときに、♪ゴシゴシゴシゴシ水洗い～♪。

そして、わたしがする手あそびに子どもたちが自分から寄ってきて、笑顔で見てくれたり、いっしょにまねっこしてあそぶようになり、“おもしろいね”をたくさん共感し合えるようになったころ、待ちに待った『ダイコン漬け』をやっとやりました。一度やると、「もういっかい」となんごや態度で要求してくる子どもたちに、「知らないおばちゃんから、この子たちの担任になれた」とうれ

しくなりました。

　何日か繰り返してあそんでいると、自分からわたしのそばに来て、

「コン…。」

と言って、『ダイコン漬け』を催促するようになりました。また何日かすると、今度はわたしのそばで、床にゴロンと寝転んで、

「コン…。」

と言います。でも、足が違うほうを向いているので、わたしがぐるっと回してから、あそび始めます。

　そして、また何日かすると、今度はゴロンと寝転んでから、自分でわたしのほうへ足を向けようとする子が出てきました。毎日あそぶ『ダイコン漬け』の中で、子どもたちも確実に自分の意思であそびに参加しようとするその成長の姿に感動します。方向を理解して、最初からわたしのほうへ足を向けて寝転ぶようになるのはいつだろうと、楽しみにしているところです。

　『ダイコン漬け』というあそびは、力を抜いて自分の体をすっかり委ねることができるほどの信頼を持てる人にやってもらうからこそ楽しくてうれしいあそびですよね。そしてまた、あそびを重ねていく中で、信頼を厚く深くしていけるのですね。

　歌、手あそび、つながりあそび…どれも単に子どもを集中させるための技術ではなく、気持ちの交流を柱として、“楽しいね”を共感しながら、その中で生きる力をつけていくたいせつなあそびなんだということを、とてもわかりやすくわたしに再確認させてくれた1歳児たちでした。

その3

馬跳びって奥深い

全身で経験する気持ちいい関係

年長児と荒川土手に散歩に行ったときのことです。ただ広いだけの何もない場所で、リレーごっこが始まりました。バトンを持って走るだけのリレーではなく、さまざまなスタイルのリレーの1つとして、馬跳びリレーを考えた子どもたち。それまで、馬跳びを取り入れたあそびは、特にやっていませんでした。でも、ちょうどそのころ、運動会に向けて跳び箱に挑戦していたので、その荒川土手の散歩以後、馬跳びがクラスでよく見られるようになりました。

跳び箱をやりたいけれど、準備をしている時間がないときに馬跳びで代用したり、跳び箱にまだ自信がないから準備運動のように馬跳びをして自分を励ましてみたり、子どもたちの中で、馬跳びがだんだん広がってきました。

初めのうち、馬役の子はうまくふんばることができないし、跳ぶ子も足が開ききらなくて、馬役の子の背中に足がぶつかったりしました。2人とも倒れてしまいながら、馬役の子は

「けとばすなよ。ちゃんと跳べよ。」

と怒り、跳んだ子も

「おまえが倒れるからぶつけちゃっただろう！」

と、よくケンカになりました。

そうやって、どの子も馬になったり、跳んだりしているうちに、同じように2人とも倒れてしまう場面でもケンカが起こらなくなりました。

「ごめん、よろけちゃった。」

「だいじょうぶ？　足が当たっちゃった。」

と、相手を思いやることばに変わっていったのです。

また、今の自分の力が見え、友だちの力も見えてくると、馬の高さを低・中・高に分け、それぞれ「一番」「二番」「三番」と呼んで

「何番で跳ぶ？」

とその子の力に合わせて、調節する姿が見られるようになりました。馬役の子は、だれが跳ぶのかによって高さを調節し、跳びやすいように頭を下げます。自

分より体の大きな子が跳ぶときは、自分の背中にかかってくる力も予測して、ぐっと足をふんばります。

馬になるということは、友だちの全体重を支えることで、全身で友だちを丸ごと受けとめ、感じることなのです。相手のためにだけ、頭を下げ、神経を集中させて、ぐっとふんばるのです。

跳ぶ子も、相手を信頼していないと安心して跳べません。“相手のためにだけ”という経験を、どの子もみんなしているから、自分が跳ぶときも、馬役の子を信頼して、安心して跳ぶことができるのです。その絶対の信頼関係の中であそぶことが“いい気持ち”なのです。

全身で経験する気持ちいい関係は、自然と心にもしみ込んで、互いの仲を深いものにしていきました。そんな馬跳びの中での子どもどうしのつながりの深まりを見ていて、二本松さんがいつも語ってくれる「体と体、触れ合ってあそぶことのたいせつさ」とはこのことなんだと、改めてわたしの心の中へストンと入り込んだ気がしました。

馬跳びという単純なあそびの奥深さに触れ、このあそびに心からほれ込んでしまったわたしです。

2日間だけのたんぽぽ組
けんちゃんの“どんぐり”

担任していたけんちゃんが3月いっぱいで転園していきました。

　わたしの保育園では、4月1日が週の前半に当たる年は、その週の月曜日に進級式をやり、保育室も新しく変わってしまいます。今年も、3月30日が進級式だったので、前日は、ロッカーや靴箱、布団番号表やタオルかけなど、シールのはり替えで大忙しでした。

　転園するけんちゃんの使っていたどんぐりマークに、4月からの新入園児の名まえを書きながら、「あしたはまだ3月。これは、けんちゃんのどんぐり」と思いました。3月30日の朝、お母さんに、予備のロッカーを指して
「ごめんね。ここのロッカー使ってね。」

と言って済ませてしまっていいのだろうか、もし、自分がけんちゃん親子の立場だったら、どんな気持ちがするだろうと、考えました。

　登園してしたくをしようと思ったら、きのうまで自分のマークだったはずのどんぐりの横に、違う子の名まえが記されているわけです。わたしだったらきっと、「この保育園は、きょうが進級式だからしかたがない。自分の都合で転園するのだし、30、31日の2日間は空いている靴箱やロッカーを使わせてもらおう」と、割り切ってしまうでしょう。でも、何となく、転園までの2日間は、「ここを使わせてもらう」「ここにいさせてもらう」というような気持ちで、遠慮がちに過ごさなければならないのではないかと思いました。

　けれど、3月31日までは、ここは紛れもなくけんちゃんとお母さんの保育園なのです。自分の保育園として、そこに確かな居場所があることは、あまりにもあたりまえのことなんです。遠慮なんてさせていいはずがありません。

　それなのに、忙しさを理由に、つい重大な見落としをしてしまうことがあると反省しました。そして、ほかの保育士に相談しました。もちろんみんなも、「最後まで、自分の保育園として、気持ちよく過ごしてもらわなければいけない

ね。」

と快く賛成してくれたので、けんちゃんが2日間だけ使うマークと名まえシールも、すべて新しく作りました。

進級式の朝、新しい部屋で、自分のロッカーをうれしそうに探すお母さんと子どもたちの中で、けんちゃん親子の「あった！　よかった！」という安心した姿を見つけて、わたしたちもほっとしました。

そのときのわたしが担任するクラス名は、たんぽぽ組。けんちゃんも2日間、みんなといっしょに進級の喜びを味わって、タンポポの綿毛になって、新しい保育園へと旅立っていきました。

けんちゃんもわたしたちも、新しい一歩。タンポポのように、いつも仲間と肩寄せ合い、優しさと、あきらめない強さを持ち、どんなときでも、何よりも命をたいせつにできる人として、育ち合っていきたいと思います。

その5

絵本と歌と子どもたちと『のせてのせて』と『自動車ブーブー』

「ストップ！　のせてのせて」ということばが繰り返し出てくる『のせて　のせて』の絵本は、1歳児クラスの子どもたちにとっても人気があります。毎日繰り返し読んでいく中で、目を凝らしてじっと食い入るように見ていた子どもたちが、絵本の中に入り始め、動きだします。絵本の中の動物たちといっしょに子どもたちも、
「ストップ！」
と手を上げ、声を出すようになり、まこちゃんの自動車に自分も乗っているつもりになって楽しみます。

しばらくして、ただ読むだけではなく、つながりあそび・うた研究所主催のサマーカレッジで覚えた二本松さんの『自動車ブーブー』を歌ってみました。子どもたちは、ますます『のせて　のせて』が好きになり、回らない口で『自動車ブーブー』を歌い、“乗っているつもり”がもっと豊かにふくらんで、体を揺らしながら楽しむようになりました。

あんまり楽しそうに絵本に見入る子どもたちの姿を見ていたらもっとあそんでみたくなり、紙でハンドルを作ってみたら、これがまた大ヒット！　子どもたちは絵本そのものから離れて、絵本の世界であそび始めました。

1人1つのハンドルを持って出かける散歩は、それは楽しいものでした。
「あっ、葉っぱさんが手を上げています。ストップ！　のせてのせて。」
と保育士が声をかけると、子どもたちは
「いいよ。」
と言ってくれます。ズボンのウエストのところに、葉っぱを挟んであげると
「はっぱもいっちょ…。」
と、時々葉っぱに目をやりながら
「♪じどうちゃブーブー　じどうちゃブー♪」
と歌いながら、ハンドルを回して歩きだします。1枚の葉っぱも1個のドングリも、いっしょに自動車に乗るだいじなお友だちになります。

楽しいことって、力になるんですね。「のせて　のせて」のことばを言えば楽しくなって、ちょっぴり苦手な食べ物だって食べてしまうんです。

「ニンジンさんが手を上げています。ストップ！　のせてのせて。」

と言うと、

「いいよ！」

と、大きな口を開け、パクリと食べてしまいます。

「やって、やって。」

とあちこちから声がかかり、どの子もみんな嫌いなものも食べてしまうんです。

　パンツをはくのをいやがるときも、

「パンツさんが手を上げています。」

と言えば、すぐにはいてしまう子どもたち。そうやって、友だちと顔を見合わせ、笑い合い、“楽しいね”という共感を重ねていくと、ひとりでハンドルを持って歩くより、友だちとつながりたくなってくるんですね。ハンドルを持った子の肩に手をかけて、後ろにつながる姿が見られるようになりました。そこで、『自動車ブーブー』から、『バスに乗って』に歌を変えて、みんなでつながってあそび始めてみました。

「♪〜ついたところは○○○○♪」

と替え歌を歌いながら、ぞろぞろとつながって、いろいろなところへ出かけました。給食をもらいに行くときも、散歩のときも、『バスに乗って』を歌いながら出かけます。自動車がバスに変わっても、のせてのせてごっこは健在です。

「ストップ！　のせてのせて」という絵本の一部を取り出して、生活やあそびのさまざまな場面で楽しみました。絵本によって、みんなで同じイメージを持って楽しめるから、友だちとの“楽しいね”という共感が広がり、歌によってさらに豊かにふくらみます。

　まだ経験が少なく、イメージする力が弱い乳児も、絵本の楽しさと日常のあそびの楽しさが交じり合うことで、友だちとイメージを共有でき、何倍も楽しくあそべるし、生活面でもそれを力に成長できる子どもたちです。

　1冊の絵本に作者がこめた思いと、1つのつながりあその中に見える二本松さんの子ども観と、それを伝え合いたいと願う保育士の思いが交じり合い、とけ合ったとき、とても豊かに成長し合っていけることを実感しています。

　たった1冊の絵本も、1つの手あそびも、つながりあそびも、1曲の歌も、だいじにだいじに楽しんで、子どもたちといっしょに豊かになっていきたいですね。

松谷みよ子あかちゃんの本
『のせて　のせて』
東光寺　啓・絵　童心社・刊

2歳児が教えてくれた きょうも運動会!

夏の水あそびやプールあそびで、より開放された柔らかい心と体で取り組んだ運動会は、いかがでしたか? わたしも、この秋、2歳児の子どもたちといっしょにステキな運動会を経験しました。

2歳児の運動会ですから、ごっこあそびを展開しながら進む当日の流れが担任の頭の中にはあっても、その流れどおりの練習を重ねていくというやりかたはしません。

今年のプログラム名は、『散歩でピョンピョン』。『散歩でジャンケン』の替え歌にのって、カエルになって散歩を楽しみます。

運動会までの間に、日常生活の中で、いかにカエルになりきってごっこあそびを楽しむか、そしてそのあそびの中に、運動あそびをどう取り入れるかが、わたしの2歳児の運動会です。

♪秋の風にさそわれて　胸をはって出かけよう〜体はホカホカ　心はウキウキ　散歩でピョンピョンピョン♪…この歌を歌って踊りながら、室内でも戸外でも、カエルの散歩ごっこを楽しんできました。

こちらから向こう側への両足ジャンプも、その幅がだんだん広くなってきます。足がうまくそろわず、なかなか両足跳びができない子も

「♪〜カエルがピョンピョンピョン♪」

と歌ってあげることで、何度も楽しく挑戦していました。そして、だれかが初めて向こう側へピョンと跳び移ることができると、

「♪〜高くみんなでホップステップジャンプ♪」

と、『大地をけって』の歌をすかさず歌います。

今年の運動会のテーマソングになっている『大地をけって』も、そうやってあそびの中で歌っていくことで、自然に覚えていきました。そして、何かができるようになるたびに、歌声も明るくなり、自分たちの歌になっていきました。

ある日、ひとりの子どもの達成を喜びながら、

「♪〜きょうはみんなの運動会〜♪」

と歌っていると、子どもが

「きょう、運動会なの?」

と聞いてきました。わたしは、実に素直

に自然に
「そうだよ！　きょうもみんなの運動会だよ。今度、お父さんやお母さんにも見に来てもらおうね。」
と話していました。

できたかできないかの当日の結果だけではなく、当日に向かう日々の中で生まれるドラマが、運動会そのものなんだということが、保育士と子ども自身の心に実感としてストンと入ってきたとき、『大地をけって』の歌声とその表情も大きく変わりました。

4、5歳児を担任していたときも、「当日までの経過がだいじ」と思っていたし、そのことを子どもとも親ともいつも確認しながら進めてきました。だけど、そう言いきりながらも、そのことをいったいどこまで、保育の中で追求できていただろうかと、2歳児たちが教えてくれたのです。

4、5歳児は、「あと○日で運動会だからがんばる」と、当日を目標にする姿を見せます。周りのおとなたちも、結果だけではないと言いながらも、やっぱりできることなら「当日までにクリアさせたい」と思いながら毎日を過ごすことになります。もちろん、4、5歳児には、目標に向かってがんばる気持ちや、自分だって当日までに何とかできるようになりたいと思う気持ちはとてもだいじだし、それでいいと思うのです。でも、2歳児のうれしそうな
「きょう、運動会なの？」
というひと言を聞いたとき、幼児クラスの子どもたちにも、こんなふうに素直にうれしそうに「きょうも運動会なんだ」と実感できる日々を過ごしてもらいたいと思いました。

このことを通して、『大地をけって』の歌がますます好きになると同時に、この歌は保育を問われている歌だと気がつきました。もしも、運動会という行事がいやだと思っている子がいたら、その子にとって、この歌はどんな歌になるのでしょうか。2番の歌詞、♪～みんなが待ってた運動会～♪を子どもたちひとりひとりが本当の気持ちとして、イキイキと歌える運動会になるように、そして、『大地をけって』を大きな声で歌える運動会になるように、子どもたちといっしょに作っていきたいと思いました。

大地をけって　作詞・二本松はじめ

1. はだしでかけっこ　いい気持ち
おひさまといっしょに
エイ・エイ・オー！
きょうはみんなの運動会
高くみんなで
ホップ・ステップ・ジャンプ

2. 跳び箱　竹馬　逆上がり
「ガンバレ！」の応援
うれしいね
きょうはみんなの運動会
高くみんなで

その7

自分の保育を振り返る

中学生がやってきた！

わたしの保育園には、秋になると近くの中学校から3年生が実習にやってきます。各クラスに3人ずつくらいが、何日かに分かれて入り、あそんでくれます。自分が入るクラスにはどんなおもちゃがよいか考えて、一生懸命手作りしたおみやげを持ってきてくれます。

　実習は、午前10時ごろから、たった1時間半だけなのですが、その体験の中で学ぶものの大きさは、現代社会を生きる中学生たちにとって、計り知れないものがあるのではないかと感じています。そしてもちろん、保育園の子どもたちにとっても、うれしいひとときであるし、わたしたち保育士にとっても、目の前の保育を見直したり、子どもたちが中学生になるころまでを見通した保育について改めて考える機会を得たり、実習はステキなものをたくさん残してくれます。

　わたしの2歳児のクラスにも1日3人の中学生が来てくれました。まずは、自己紹介をしてもらいます。かわいらしい2歳児たちに、

「まきちゃーん」
「まなぶくーん」
「しげちゃーん」

と名まえを呼ばれると、照れながらも笑顔で

「ハーイ」

と返事をしてくれます。その名まえの呼びかたには、これからあそんでもらえるという期待感があふれています。だから、中学生の返事もうれしそうです。保育の出席とりも、こんなふうに心通い合う時間としてもっとだいじにしなければと、さっそく反省させられます。

　さて、その日の保育は、三輪車でのドライブ。どんぐり森の周りを1周する2歳児たちに、中学生たちは優しく声をかけながらついてきてくれます。まだ三輪車がうまくこげずに、みんなからずいぶん遅れてしまう子も、この日はお兄さんがついてくれて、せかされずに自分のペースで楽しむことができました。

どんぐり森に入ると、どの子もドングリを拾い、親愛の情を込めて小さな手から、

「ハイ！　あげる！」

と中学生にドングリを差し出します。そんなとき、たかがドングリでも、宝物のようにだいじにする幼い子に接することで、何かを感じたり、思い出してくれる中学生もきっといてくれるだろうなと思うのです。


中学生のそばで、2、3人の子がぐずぐずと、トラブルを起こし始めました。ドングリをどこに埋めるかでもめていたのですが、中学生にはその理由がすぐには理解できないようでした。でも、そこにステキな姿を見つけました。

「あの中に、ドングリを入れたいんじゃないの？」

「うん、そうかなぁ。」

と、子どもの気持ちを何とか探ろうと、相談をしてくれているのです。


部屋では、子どもたちを天井に頭が届くほど、抱き上げてくれるお兄さんの前に列ができました。保育士の前に並んでくれたのは、最初だけ。おもらしやトラブルがあるたびに、

「ちょっと待っててね。」

といなくなってしまう保育士より、

「お兄ちゃんがいい！」

のです。待たせなければならないときも、おしまいにしなければならないときも、子どもたちが求めているのは、かけひきなしの無条件であそんでくれる人なのですね。こんな子どもの思いをいつも忘れずに、どこまで実践できているだろうかと、ここでも反省させられました。


人（子ども）のために、心を寄せて考えたり、全身を触れ合ってあそぶ中で、心も通じ合う中学生と子どもたち。この人間らしい体と心の触れ合いは、希薄になった人間関係が叫ばれる中で、とても貴重な体験ではないでしょうか。

そして、

「やってよぉ。」

「ぼくも。」

「隣に座ってよぉ。」

「帰っちゃダメ。」

と、子どもたちにこれでもかと求められることで、“自分の確かな存在感”を感じてくれるのではないかと期待がふくらみます。そして、それは必ず生きる力となっていくはずです。


子どもたちの悲しいニュースが後を絶たない社会になってしまいましたが、おとなの責任として、何を考え、何を実践していかなければならないのか、この実習を通して、改めて考えさせられました。それぞれの地域でも、おとなたちが考え合って手をつなぐことで、人間らしく育ち合う場は、もっと広げていけるのではないでしょうか。

『遊園地につれてって』の実践「乗りたいな」「食べたいな」「見たいな」

東京荒川区のレクリエーション学校で、二本松さんの『遊園地につれてって』を初めてあそびました。「楽しい!」「歌がいい!」「いろいろあそべそう!」と思い、まずは我が5歳児クラスであそんでみました。その後、『親子であそぼう会』や、保育研修会で、この歌1つでいろいろなバージョンを楽しんでいるのですが、今回はクラスでやっているお店屋さんバージョン」を紹介します。

輪になって座り、お菓子屋さんだったら、最後の♪あれこれ食べたいなぁ♪のあとに、1人ずつ順番に

「おせんべい」

全員で

「あるある」

「ガム」

「あるある」

「チョコレート」

「あるある」

といった具合にリズミカルに続けていきます。一度言ったものを再び言ってしまったら

「売り切れましたー。」

となり、最初からやり直しです。

そうなんです。二本松さんの『八百屋さんへ行こう』のあそびの歌を変えただけなんです。『八百屋さんへ行こう』は、それまでもあそんでいたのですが、歌を変えてみたら、こちらのほうが断然子どもの表情が輝いているし、ノリがいいんです。きっと、「何がある?」という『八百屋さんへ行こう』の歌詞よりも、「乗りたいな」「食べたいな」「見たいな」という歌詞のほうが子どもたちの気持ちをとらえているからなのでしょうね。そして、そのことばのすぐ後に入る拍手が、より共感を生んで心を1つにするようです。あそび終わった後の余韻もいいんです。

「グラタン」と答えた子が、

「あのさ、保育園でグラタン出たとき、おいしくてさ、おかわりしたいけど、何て言えばいいのかわからなくてさ、グラタンの名まえがやっとわかって、やっとおかわりをもらったんだよね。それで、

ママとその後にレストランに行ったときも、グラタン食べたんだー。」

と話し始めます。

「ゾウ」と答えた子は、

「ぼくね、パパと動物園に行ったんだ。朝早く行ったから、ゾウさんが朝ごはん食べてたの。足で踏んでさ、鼻でバキバキッて折って食べちゃうんだよ。」

こんなふうに、余韻の中で話してくれます。

「何がある?」という知識だけでなく、「食べたい」「見たい」という動詞は、子どもたちの経験や要求も、そこにのってくるんですね。だからより楽しくあそべるようです。

楽しさをたっぷり味わってあそんでいると、発展もあります。自分の番が来ても、考え込んでしまってなかなか言えないときがあります。やっと言えるときには、元気さが半分になってしまったりします。でも、ある日、考え込んでいた子が、

「わかった!」

と言ったときに、ひとりの子が
「♪あれこれ食べたいな〜ハイ!♪」

のところを歌い直してくれたのです。そのたった8呼間の短い間に、考え込んで困っていた顔が、みるみるうれしそうな顔になり、とても気持ちよさそうに元気な声で答えてくれました。それから、この歌い直しがすっかり定着して、なかなか答えが見つけられないときも、安心して参加できるようになり、このあそびがますます楽しくなりました。

『遊園地につれてって』の中で、とってもいい気持ちになっている子どもたちです。

その9

お助け怪獣はどこにいる？

何げない会話から生まれたヒーロー

今、わたしの5歳児クラスでは、日常の何げない会話から生まれた"怪獣"が、クラス全体の文化となり、愉快にワクワク過ごしています。

ある日のおやつの時間です。子どもたちから

「ねぇ、とうちゃんの家はどこなの？」

と質問されました。

「とうちゃんの家はね、東武電車に乗って…遠いんだぁー、いなかだからね、おうちもあんまりなくて、夜になると真っ暗なの。」

「ねぇねぇ、火の玉出る？」

と、子どもたち。

「うん。このあいだね、夜、1人で歩いていたら、赤くてぼわぁーんとした火の玉が3つも出てきたの。」

「そのとき泣いた？」

「うん！　怖くてだれか助けてぇーって座り込んで泣いていたら、何か声がするから、そぉーっと見てみると、田んぼのカエルだったの。カエルじゃなくて、もっとでっかい怪獣でも出てきて、あの怖い火の玉、食べちゃってくれたらいいのにって、思ったんだ。」

わたしも調子にのって、答えます。

「とうちゃんは魔法を習ってるんだから、カエルを怪獣にしちゃえばよかったじゃん。」

うーん、そりゃそうだ…。

ちょうど運動会の絵に夢中になっていたときだったので、絵の具が出ていました。わたしはさっそく、優しい怪獣が火の玉を食べてくれている絵を描きました。おやつ中だというのに、もうたいへん！　口におやつをほおばりながら、怪獣の話に花が咲いていました。

「あのさ、ほんとに何でも食べてくれる怪獣がいるといいのにね。」

「ぼく、かこうっと。」

「わたしもかく！」

と、急いでおやつを食べ、歯磨きや帰りじたくも、ちょっぴり手抜きをして、さっそく紙に向かう子どもたち。それぞれに、自分の嫌いな食べ物や怖いもの

を食べてくれる怪獣の絵が、あっという間にたくさんでき上がりました。

「かきたい」という思いでかき上げる絵は、本当にのびやかでステキです。廊下の壁は、子どもたちの夢がいっぱいの怪獣ランドになり、おとなの心をも和ませてくれました。

子どもたちにおなじみの歌『そうだったらいいのにな』の歌詞を♪〜優しい怪獣が出てきてさぁー　いやーなものーは食べてくれるぅー　そうだったらいいのになぁー　そうだったらいいのになぁー♪と替えて盛り上がり、園内にあった絵本も楽しんで、子どもたちの心の中には怪獣が住み着き始めました。

「あー、きょうの給食のこれ、嫌いなんだ。怪獣が食べてくれないかなぁ。」

と、始めのうちは、もっぱら自分の嫌いな物を食べてもらうという発想だったのが、少したつと、

「泣き虫のところを食べてほしい。」

「怒りんぼのとき、怒り虫も食べてほしい。」

なんていう心の中のこともチラホラ出始めました。

「いろんなもの食べ過ぎて、怪獣は、おなかこわさないかなぁ。」

と怪獣への思いやりも出てきました。すると、

「食べた物は、おなかの中でぜーんぶエネルギーに変えられるんだよ。」

「そうそう、だからさ、真っ暗なときは、そのエネルギーで目のところから電気がついて明るくしてくれるんだ!」

と年長児らしい夢とユーモアもふくらみます。

ちょうどそのころ、1人の子が沖縄へ引っ越しをすることになりました。その話をした日、泣きだしてしまった子がいました。とも君は、30分も泣き続けた後、まだべそをかきながら、絵をかき始めたんです。

「かずき君とお別れするのが寂しくて涙が止まらないから、怪獣に食べてもらうんだ。」

そう言っているうちに、やっと落ち着いてきたとも君。ほんとに、怪獣に涙を食べてもらったんだなぁと思いました。

図書館で、怪獣の絵本や恐竜図鑑をたくさん借りてきました。12月の遠足は、恐竜を見に科学博物館へ行くことになりました。何げない会話から生まれた怪獣が、着実に子どもたちの心に住み着きました。

この怪獣ブーム、まだまだ盛り上げていきたいと思っています。今度は、二本松さんのつながりあそびを怪獣バージョンで楽しんでみようかな。そして、子どもたちの心の中の怪獣をだいじに育てながら、心そのものも大きく育ってくれることを期待しています。

いつかきっと、みんなを助けてくれる怪獣は、みんなのすぐそばに、たくさんいるんだということに気づいてくれると信じて…。

『散歩に行こう』の実践「見ーつけた」「何見つけたの？」

目で見て、耳で聞いて、鼻でかいで、舌で味わって、手で触って、そして全身で、心で感じる…その感じる力がおとなも子どもも、数年前に比べて弱くなってきているのではないかと思うんです。働く状況や人の暮らす環境の変化が、その大きな原因の1つであると思います。

生活は確かに便利になりました。お金さえ出せば、何でも手に入ります。人が手をかけなくても、頭を使って考えなくても、便利に使い捨てできる物がぐっと増えました。でも、やっぱり子育てには、手間暇をかけたいものです。特に、あそびはそうですね。

おもちゃもすばらしい物が増えました。本物と同じように使える家電。ヒーローものの変身グッズ。さまざまな教育玩具。ゲームやテーマパーク。それらの物であそべば、確かに“ワクワクドキドキ”も味わえるし、認識だって育つでしょう。だけど、やっぱりそれだけでは足りないのです。

仲間と共に、作り出したり、考えたり、落ち込んだり、乗り越えたりしながらあそぶことが、人間らしい育ちを保障すると、今あちこちで言われています。

昨年のサマーカレッジ（つながりあそび・うた研究所主催）で二本松さんに教わった『散歩に行こう』のあそびかたは、リーダーが見つけた物の名まえを言って、その名まえの言葉数を指折り数えて、その人数で集まるという内容でした。

わたしのクラスは3歳児。当然のことながら、このあそびかたは成立しません。

でも、この歌は春から3歳児たちも大いに楽しみ、そして、子どもたちをイキイキとさせてくれています。♪散歩にいこう　いっしょにいこう～♪と歌いながら、散歩に出かけます。それだけでも、「散歩はうれしい、散歩は楽しい」というみんなの共感をもっともっと深めてくれます。

　途中、保育士が
「見ーつけた！」

と言います。もちろん子どもたちは
「何見つけたの？」

と返してくれます。

「タンポポの綿毛！」

と言って指さすと、いっせいにそこへ走っていき、綿毛吹きが始まります。

　「見ーつけた」と言うだけで、それは宝物のように感じられるのか、桜の葉っぱ1枚でも
「取って。」

「ぼくも！」

「わたしも！」

と、みんながかわいらしい手を差し出してくれます。その葉っぱをだいじに持って進んでいくと、今度は子どもが
「見ーつけた！」

と、背の低い木を見つけます。「先生みたいに、木の葉っぱ、取れたよ」と言わんばかりに、自信満々の笑顔を見せてくれます。

　そうやって、『散歩に行こう』の歌にのって、ダンゴムシを見つけては捕まえ、石ころを見つけてはポケットにしまい、花を見つけては摘んだり、においをかいだりして、寄り道を楽しみながら散歩します。


　目で見つけて、手に取り、においをかいだり、音を聞いてみたり…でも、そこまでならひとりでだってできます。それだけではないところがだいじなのです。それそうしながら、同じ物を見つけた友だちや保育士の表情や声も、見て、聞いて、さらに心を揺さぶり合うことがだいじなのですね。

「見ーつけた！」

「何見つけたの？」

と繰り返しながら、実は子どもたちは、“共感”といういい気持ちを全身でいっぱい見つけているんだなと思うのです。心の揺さぶり合い、共感をさらに深める、その大きな手伝いをしてくれたのが『散歩に行こう』の歌なのです。

　1つの歌、1つのあそびが、みんなの心を豊かにつないでくれる…だからこそ買ったおもちゃでなくても、石ころや葉っぱにだって、喜びを感じることができるのですね。そんな実践にしていくことこそが、つながりあそび・うたの意味なのだということを3歳児の子どもたちが教えてくれました。

その11

『芽吹く季節』プールでの実践
「見て 見て」

中山譲さん（つながりあそび・うた研究所主任）が『芽吹く季節』の歌に込めた思いに共感して、わたしもそれを保育の中でだいじにしています。中山さんは、この歌の中で、「人それぞれ、伸びるとき、花開くときは違う、他人と比べるのではなく“十の力（自分が持っている最高の力）を出そう」と言っています。

そんな中山さんのメッセージがプール実践で生かされました。どんな取り組みの中でも、伸びるとき、花開くときは、確かに人それぞれなのですが、プールの中では特に、それを感じます。

水がどうしても怖くて、顔つけもできない子から、まるで魚のように平気で潜ったり泳いだりする子まで、プールの中での子どもの姿はさまざまです。だけど、水が怖い子だって、みんな泳げるようになりたいって、心の深いところで願っているんです。でも、小さい子どもって、実に正直に見たまま、感じたままをことばにするので、水が苦手な子は、

「そんなことできないの？」

なんて言われて、ちょっぴり落ち込むところから、プールあそびが始まります。

気をつけないと、

「どうせできないもん」

と落ち込んだままになってしまう子がいます。ひとりひとりの今の力をしっかりと見つめ合い、そして認め合うことをていねいに根気よく重ねていきます。時々、できるようになったことを見せ合います。潜れる子や泳げる子は、拍手かっさいを浴びます。そこまでいかない子は、友だちが褒めてくれなくても、保育士がまず、わずかな上達を褒めまくります。そうするうちに、保育士といっしょになって、顔つけがたった1秒伸びたことにも拍手してくれる子が増えていきます。

子どもたちの大好きな保育士の足のトンネルくぐり。フラフープやホースなど、いろいろな物でトンネルを楽しみますが、保育士の足のトンネルが、いちばん人気です。なぜって、このトンネルは声をかけてくれたり、拍手してくれるからです。

ふだん、何でもすぐにできて、みんなの一歩先を歩いてきたゆきなちゃんは、プールが始まっても、潜れない自分がとてももどかしかったようです。『水中ポップコーン』で、ザブーンと水の中に投げてもらう友だちをうらやましげに見ていました。何とか参加したくて、ゆきなちゃんは考えました。保育士の役をやり、友だちをひざに乗せて、『ポップコ

ーン』を歌い始めたのです。そうすることで、少しでも安心したかったのかなぁ。できるようになりたいという思いの強さを感じたので、ちょっと強引に足のトンネルくぐりに誘いました。しぶっていたので、つい歌ってしまいました。

♪いつまでもこのままで終わるゆきなちゃんじゃない　ひそやかに潜れるときじっと信じてる♪

　きのうまでは、誘われても逃げていたのに、意を決したように無言で、ゆきなちゃんはうなずきました。そして一度手を引いてもらってくぐってしまうと、もうだいじょうぶ。みんなに大拍手をしてもらい、晴れやかな顔。うれしくて何度もくぐり、満足すると今度は、自分と同じように潜れなかった友だちを励まし始めたんです。

「ことはちゃんもやってみなよ。だいじょうぶだよ。怖くないよ。」

と言いながら、何度もやってみせるので、ことはちゃんも鼻までしか水につけられなかったのに、とうとう頭までブクッと潜ってしまいました。2人で手を取り合って、

「やったー！」

と飛び上がりました。そして、さっき自分がみんなに拍手をしてもらったように、

「みんな、見て！　ことちゃんがいっぱい潜れたから。」

と言って、みんなに拍手を促してくれたんです。

　こんなふうに、今のそれぞれの力を見つめ合い、認め合える雰囲気ができ上がってくると、まだほんの一瞬しか顔つけができない子も、堂々と

「見て、見て！」

と言いながら、それを見せてくれるようになります。そうなったときの『水中キジムナー』は、とってもほほえましいんですよ。まだ潜れない子が輪の外へ逃げようとするときには、ちゃんとつないだ手を水の上に出して逃がしてくれるんです。

　潜れる子も、潜れない子も、今の自分を少しでも追い越そうとしながら、

「見て、見て。」

を連発できるようなプールあそびにしていきたいなと思っています。

芽吹く季節　作詞・柚　梨太郎

いつまでも
このままで終わる　ぼくじゃない
ひそやかに　芽吹く季節（とき）
じっと信じてる

だれだって　寂しくて
心　傷ついて
うつむいてしまうけど
だけど　夢見てる

あしたすぐに　開かなくても
きっと　優しい風が吹くから
あきらめないで　あたためてゆこう
目覚めるたび　ふくらむから

＊中山　譲ソングブックⅡより抜粋

関連楽譜とあそびかた
指導・二本松はじめ

忍者でござる

作詞・作曲　二本松はじめ

おいら　　　　　はにんじゃでござる
おいら　　　　　はにんじゃでござる
そんじょそこらの にんじゃとちがう
おいらは　　　　にんじゃでござる

「忍者がお城に捕らわれているお姫さまを助けに行く」などの物語を作って、ごっこあそびとして楽しみます。または、忍者になって散歩してみたり、体育あそびを忍者の修行として楽しんだり、日常生活も忍者の生活として楽しむときのテーマソングにしましょう。

関連エッセイ
P.40-41

ダイコン漬け

作詞・作曲　二本松はじめ

ダ イコ ンい っぽん ぬ いて きて パッ パッ パッ と
ど ろお とし ジャブ ジャブ ジャブ ジャブ あ らい ましょ プルン プルン プルン と
み ずき って ま ない たの うえで ゴローン ゴロン お しお をサッ サッ と
す りこ んで ギュッ ギュッ ギュッ と す りこ んで ゴロ ゴロ ゴロ ゴロ
も みま しょう し あげ はタ ルに お しこ んで
ギュッ ギュッ ギュッ と お しこ んで ダ イコ ンい っぽん つ けあ がり

友だちの足をダイコンに見たてて、こすったり、もんだりしてあそびます。
未満児だったら全身をダイコンに見たてて揺さぶったり、くすぐるなどを加えて楽しみましょう。

関連エッセイ
P.46-47

自動車ブーブー

作詞・作曲　二本松はじめ

C F C G
じ どう しゃブー ブー　じ どう しゃ ブー　と も だ ち の せ て　じ どう しゃ ブー

2人組になり１人が前で運転手、もう１人が前の人の肩につかまって自動車を作り、歌いながら走ります。

リーダーの「信号赤！(または、ストップ)」の合図で素早く止まり、「信号青！(または、ゴー！)」で進みます。

運転手を交代しながら楽しみましょう。

じどうしゃ
じどうしゃ

関連エッセイ
P.46-47

バスにのって

作詞・作曲　二本松はじめ

C G
バスにのっ て　バ ス にのっ て　バ ス にのっ て　で かけ よう
C G C
つ い た と こ ろ は　つ い た と こ ろ は　ゆ う え ん ち

友だちみんなで前の人の肩につかまってバスの乗っているつもりです。つながったまま歌いながら歩きます。
♪着いたところは遊園地♪だけでなく、「動物園」「レストラン」などに変えてもいいです。
着いたら遊園地ごっこや動物園ごっこを楽しみましょう。

関連エッセイ
P.48-49

サンポでジャンケン

作詞・作曲　二本松はじめ

♪はるのかぜに

♪さそわれて

♪むねをはって
でかけよう

①自分のひざ→右隣の人のひざ→自分のひざ→左隣の人のひざの順にたたく（2回繰り返す）。

②両手をひざ→胸前で交差→頭→頭上でバンザイ→拍手3回。

③①②を繰り返す。

♪からだはホカホカ

♪こころはウキウキ

♪サンポで
ジャンケン ポン

④両ひじを外に張って、両脇を上下に動かす。

⑤両手の指を組んで、胸前で前後に動かす。

⑥かいぐりをして、ジャンケンする。

関連エッセイ P.52-53

遊園地につれてって

作詞・作曲　二本松はじめ

こんどのやすみに　つれてって　ゆうえんち　に　つれてって
のりたいな（拍手）のりたいな（拍手）あれこれのりたい　な

親子あそびが楽しいです。横に並んで手をつなぎ、歌いながらスキップしながら進みます。歌い終わったら乗りたい乗り物を決め、親が乗り物になって子どもを乗せて楽しみましょう。ときには親子交代してもいいですよ。

関連エッセイ P.56-57

さんぽに行こう

作詞・作曲　二本松はじめ
編曲　　　柚　梨太郎

さ ん ぽ に い こう　い っ しょ に い こう　お ひ さ ま ポ カ ポ カ わ らっ て る
さ ん ぽ に い こう　い っ しょ に い こう　ス キッ プ く ち ぶ え さ あ い こう

数集まりあそびです。みんなで歌いながら歩きます。歌い終わったらリーダーとの「見〜つけた」「何見つけたの？」のやりとりの後、リーダーの見つけた物のことば数の人数に分かれます。あそびに慣れるまでは「2人組はアリ、3人組はスミレ」などと、ことばを決めておくと、人数集まりがスムーズです。

お母さんの思い

お母さんだって、抱きしめられたい。

その1

お母さんもいい気持ち

がんばるありさはステキ！

夏が終わり、いよいよ運動会に向かっての取り組みが始まりました。“逆上がりの先生”と呼ばれる子が出てきたり、“竹馬の天才”が生まれたり、“跳び箱のヒーロー”が現れたりと、いい気持ちになる子がたくさん生まれた秋でした。

でも、その陰には、落ち込んでしまっている子がいるんです。すぐにできないことには、なかなかやる気が起こらない子。友だちより優位に立ちたいのに、周りの子が先にできてしまい、へそを曲げてしまう子。それでも、運動会当日までに、何とかどの種目もクリアした子は、いい気持ちを経験します。

逆上がりがどうしてもできないありさちゃん。みんながてきるようになってしまったことで、鉄棒に向かう気持ちをなくしてしまいました。運動会目前になると、

「あり！　逆上がりも練習ね！」

と、お母さんからもプレッシャーがかかります。できるかできないかという結果だけでなく、当日のがんばりも含めて、運動会を見てほしいと、お母さんに訴えました。でも、お母さんからは、

「それはわかってます。だけど、やっぱり当日できてほしい。何も特別なことを望んでいるわけではないのです。ただ人並みにできてほしいだけ…。」

ということばが返ってきました。このことばは、わたしの胸にしみました。我が子を思う当然の親心であると思いました。長年、そこを受けとめきれずに、こちらの思いばかりを訴えてきた“わたしの運動会”を反省しました。その親心に十分に共感しながら、こちらの思いを伝えていくには、どんな取り組みをしなければならないのだろうと考えました。

ありさちゃんは、とうとう逆上がりだけはクリアできずに、運動会を終えました。でも、運動会が終わってしまっても、ありさちゃんの逆上がりの成功にこだわり続け、ありさちゃんを鉄棒に向かわせ、ありさちゃん自身にもお母さんにも、「がんばるありさは、ステキ！」と思わせたのは、クラスの仲間でした。

手のまめがつぶれても、ばんそうこうやガムテープでぐるぐる巻いて、やっと逆上がりができるようになったときの喜びを知っている友だちが、ありさちゃん

に声をかけます。

「やろうよ。練習やめちゃったら、いつまでたってもできるようにならないよ。」

そう言われて、しぶしぶ鉄棒を握るありさちゃん。

さっきよりほんの少しでも足が上がると、友だちがすかさず褒めたり励ましたりしてくれるのです。

「あっ、すごい！　さっきはここまでしか上がらなかったのに、今度はここまで足がきたよ。」

などと言われると、ありさちゃんもだんだんその気になってきます。その気になるから、鉄棒に向かう時間が長くなってきます。友だちの励ましの中で「できるかもしれない」という見通しを持ち始めます。そうなると、しぶしぶ顔なんかではなく、キリリと引き締まったやる気のある顔に変わってきます。そんなありさちゃんの変化も見逃さない子どもたちです。

「先生、ありちゃんすごいね。きょうずっと逆上がりやってたもん。最初はすぐやめちゃったのに、きょう、わたしたちがままごとしているときもさ、ずっと練習してたよ。運動会終わっちゃったのに、ありさちゃんて、すっごくえらいよ。」

そして、日々のありさちゃんのがんばりをありさちゃんのお母さんにも伝えてくれる子どもたちが出てきました。逆上がりができていないのに、ありさちゃんは、みんなにそのがんばりを認められ、目標に向かってがんばる自分の姿も見えてきて、とってもいい気持ちになったんです。

そして、お母さんも、ありさちゃんのがんばりがステキだと思い、周りの友だちが我が子を応援して認めてくれていることに感動して、いい気持ちになっていきました。

できるようになっていい気持ちになるのはあたりまえ。できていないのに、こんなにいい気持ちになっているありさちゃん。この“いい気持ち”こそが、保育の最大のポイントではないかと、そのとき思ったんです。

“おみそがいない”“罰ゲームがない”から安心して楽しめる二本松さんのあそび。そのあそびの中から、心と体を触れ合って、“いい気持ち”になり、みんなが主人公になれるたいせつさをずっと学んできました。それを保育の中で生かしてきたつもりだったのですが…。

「ひとりひとりが主人公」ということは、ひとりひとりが、その生活の場で苦しい立場にあるときも、認められ、安心でき、いい気持ちになれることではないのかということを考えさせてくれた子どもたちでした。

単純に、いい気持ちでいられるのがヒーローと、「みんなが主人公」を実践しているつもりになっている保育士にならないように、そこにかかわっている子どももお母さんも、ひとりひとりがみんないい気持ちになれることをたいせつにしたいですね。

8センチのマフラー

最高の味方はお母さん

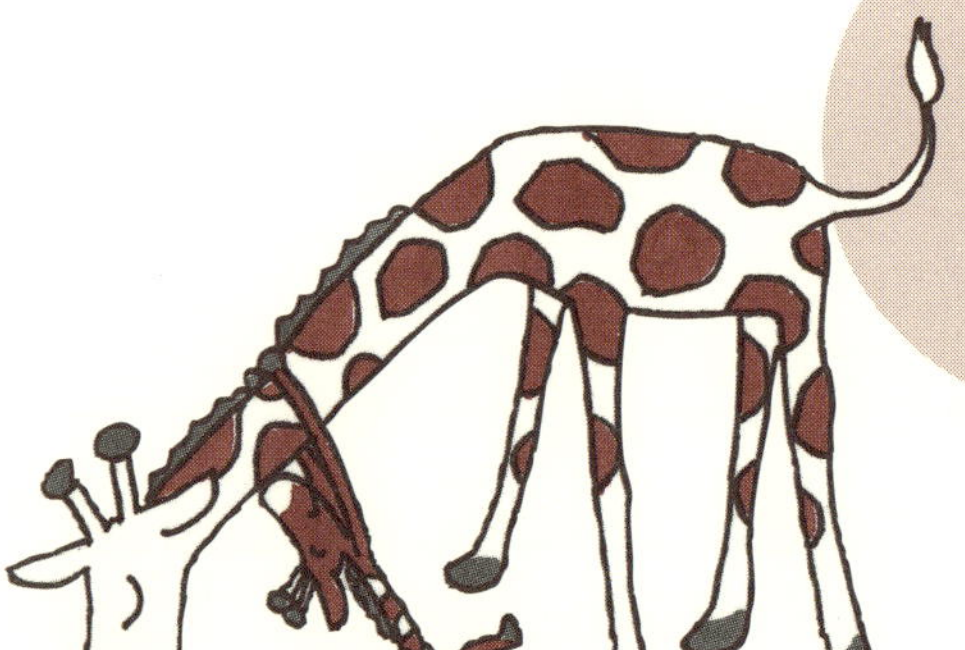

年長児を担任した年は、いつも秋から冬にかけて、指編みのマフラー作りに取り組んできました。今年も、ミルク缶と祝いばしで、大型リリアン編み機を作り、指編みに挑戦しました。

早い子は、4、5日で編み上げ、家族の分まで作り始めました。もちろん進みの遅い子もいて、全員が自分のマフラーを完成させるまでには1か月がかかりました。

その間、でき上がった子だけ、遠足にマフラーをしていったり、午睡前に「ホールに行くけど、編みたい子は15分だけやってもいいよ。」

などと、刺激を与えてはきましたが、気持ちよく編んでほしかったので、無理強いはやめました。

そして、もうひとつ。自分の分は、家に持ち帰らずに保育園で編み上げることにこだわりました。それは、手伝ってもらわずに達成感を味わうことと、友だちがどうがんばって編み上げたのかを子どもどうしお互いに見つめ合ってほしかったからなんです。

りょう君は、本当は自分も早くマフラーを首に巻きたくてしかたがなかったのですが、1か月近くかかってやっと編み上げました。あそびの天才・りょう君は、毎日やりたいことがたくさんあり、マフラーにだけ集中しているわけにはいかなかったのです。その気持ちのいちばんの理解者は、お母さんでした。

何人もの友だちが編み上げてしまっても、迎えにきたお母さんは笑顔で、きょう1日りょう君がほかのことで楽しくあそんだことを認めてくれました。マフラー編みに集中しきれないのは、りょう君自身なのだけれど、それでも友だちが編み上げて、迎えにきたお母さんに得意げに報告しているのを見ると、うらやましくなるようです。お母さんもまた、りょう君の完成が待ち遠しいけれど、本人が自分でやる気にならなければ意味がないと、待ち続けてくれました。そして、タイミングを見計らって、ある朝

「帰りに8センチくらいになっているとうれしいな、でも3センチでもいいかな…。」

と言って、出かけていきました。その日、何度も
「あとどれくらいで8センチ？」

と聞きながら、ちょっと編んでは違うことであそぶりょう君。それを何度も繰り返して、8センチを編み上げたのです。迎えにきたお母さんは、首に巻くにはほど遠い、まだたった8センチのマフラーを、ものすごく喜んでくれました。

「ママ、見て！　8センチ編んだよ！」

「りょう、すごいじゃない！　ほんとうに8センチ編んだんだね。ママ、うれしいよ。」

と言いながら、りょう君を抱きしめ、8センチのマフラーにほおずりをしてくれました。その後も一気にというわけにはいかず、完成までには時間がかかりました。でも、ほかの子と決して比べて責めることはしないで、見守ってくれたお母さんがいたから、りょう君は長い時間がかかっても、自分で納得しながら最後まで気持ちよく編み上げることができたのです。


やっと編み上げた日、マフラーを首に巻き、

「きょう、ママが迎えに来るの、ワクワク、ウキウキするなぁー。」

と言うりょう君。たった8センチでもあんなに喜び、そして時間がかかってもずっと励まし続けてくれたお母さんだから、完成したマフラーをどんなに喜んでくれるか想像がついて、ワクワク、ウキウキしたのでしょうね。大好きなお母さんが喜んでくれることは、子どもにとってもすごくうれしいことなんですね。


周りの子どもたちも、お母さんの姿とりょう君の姿をずっと見つめてきたので、

「よかったね、きっと、ママ、すごく喜んでくれるね。」

と声をかけてくれました。保育者が、仕上げに房かボンボンを付けてあげるのですが、りょう君はどうしてもどちらか1つを選ぶことができず、とうとう両方にそれぞれ1つずつを付けることになりました。

「フサフサもいいけど、ボンボンもいいな。どっちにしようかなぁー。」

迷っていたりょう君をお母さんも知っていたので、おかしいなんて言わずに
「りょうらしいよ。世界に1つしかないマフラーだね。」

と大喜びしてくれました。


満面の笑顔でマフラーを首に巻いて帰るりょう君の姿を見送りながら、あのたった8センチのマフラーの力の大きさ、りょう君に寄せられたお母さんの愛情の大きさを感じました。マフラーを自分で編み上げることができたりょう君と、きっと編み上げると信じて待っていたお母さんが“いい気持ち”を共有できたうれしいできごとでした。

その3

「だっこって、気持ちいいね」

だっこは、子どもだけのものじゃない

研修会の中で、二本松さんがこんな話をしてくれました。

「職場で朝、『おはよう』と言うかわりに『ホットドッグ』って抱き合ってみたら、それだけで雰囲気が変わって保育もよくなるんじゃないかな。」

本当にその通りだと思います。

朝一番におとなどうしがぎゅうっと抱き合えて、1日が始まる職場なら、きっとあったかくて、いい気持ちで過ごせるはずです。そして、職場だけでなく、お母さんたちとも抱き合ってあいさつができるようになったらステキですよね。

今、わたしはクラスのお母さんたちをできるだけだっこしていこうという小さな実践を続けています。

「おはよう！」

と言いながら、ポンと肩をたたいたり、

「ありがとう。」

と言いながらそっと手を握ります。

「お疲れさま。」

と言いながら、ちょっぴり肩をもんであげることもあります。そんなふうに、とにかくお母さんたちの体に触れることから始めています。そして、少し仲よくなれたら、話の合間にぎゅうっとだっこするんです。

今、だっこの気持ちよさを知らない子どもが増えています。でも、幸いなことに、保育園に通う子どもたちには、毎日の生活の中で、つながりあそびの力も借りながら、なんとかだっこのここちよさを伝えていくことができます。だけど本当は、子どもたちは保育士よりもお父さんやお母さんにだっこしてもらいたいのです。

お父さんやお母さんだって、赤ちゃんをだっこするだけで幸せを感じていたときが、必ず心のどこかに残っていると思います。ただ、子どもが少し大きくなると、生活や仕事のしんどさの中で、知らず知らずのうちに、ひとりで歩いたり、ひとりであそんだりしていてくれることを子どもに求めてしまったのではないでしょうか。そして、競争社会の中

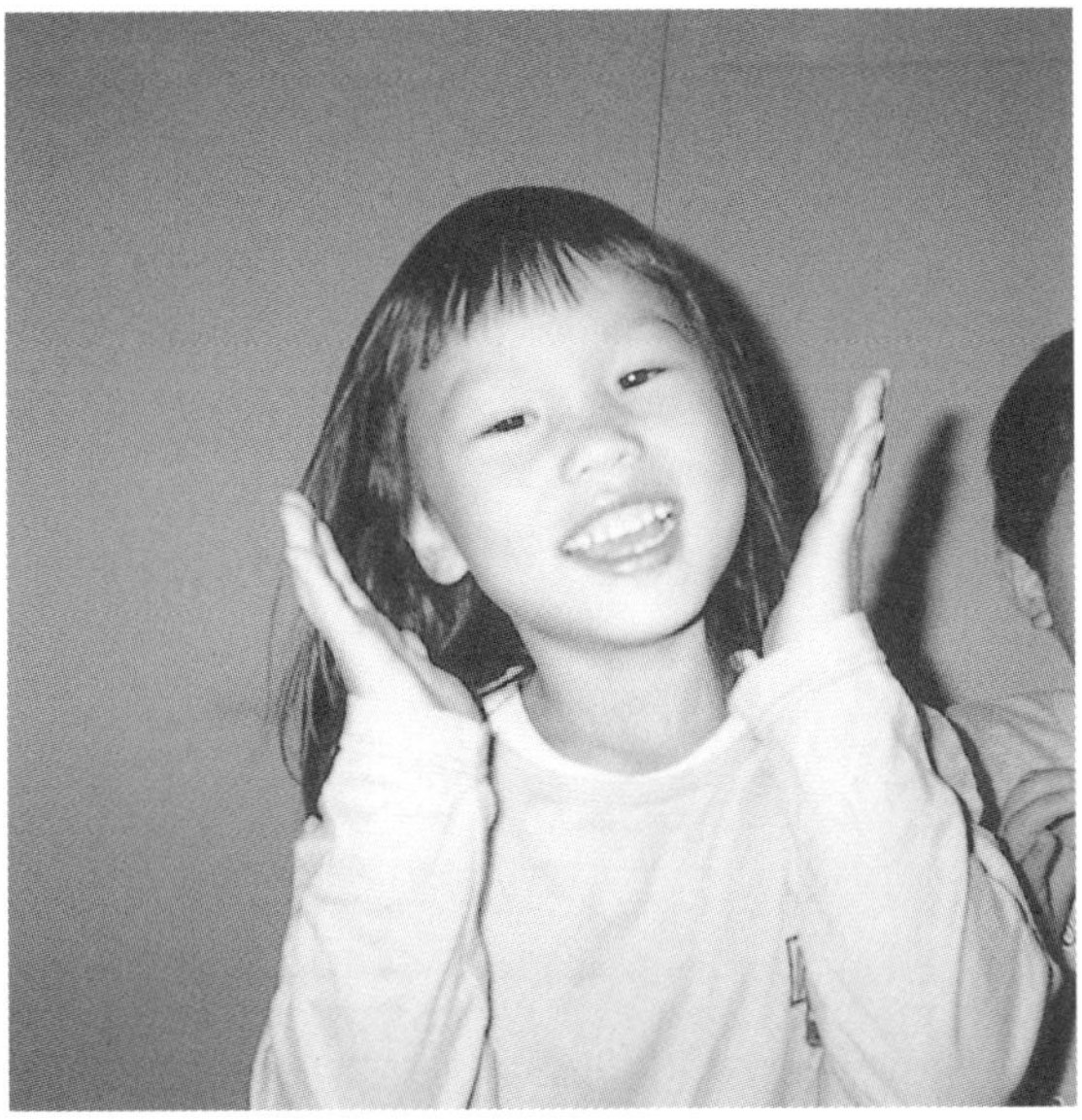

で、だれかの期待に添って一生懸命に生きておとなになり、親になり、他人や我が子との関係を紡ぐ難しさに悩んでいるかもしれません。若い保育士たちの中でも、そんな悩みを抱えている人が増えていいのではないでしょうか。

わたしも長年、「いっぱいだっこしてあげてください」というメッセージを親たちに送ってきました。でも、今年はまず、口で言うのではなく、体でそのことを伝えようと思っています。

あるお母さんの話を聞きながら、
「だいじょうぶ…それでいいんだよ。」
とぎゅうっとだっこしたんです。そしたら、そのお母さんは、目を潤ませながら、
「だっこって気持ちいいね。」
と言ってくれました。そして、次の日から、我が子を優しくだっこするお母さんの姿がありました。

最近では、だっこすると、ぎゅうっと抱き返してくれるお母さんもいて、子どもたちもおとなどうしのそんな関係をこちよいと感じてくれているようです。
「きのうね、ママね、パパに怒られちゃったの。だから、ママもだっこしてあげて。」
なんて、かわいいことを言う子もいます。

おとなどうしのそんな気持ちのいい関係が広がることを願いながら、わたしの園では、親だけであそぶ『あそぼう会』も行っています。

外国人の多い園ですが、ことばを越えて、ゲラゲラと笑いながらあそび合う姿を見るとき、幸せいっぱいの気分になります。

この園にたまたま勤務したわたしたち職員と、入園した子どもと保護者…暮らし合う仲間として、いい気持ちの関係を紡ぎ出す力を育て合うために、ぎゅうっとだっこし合うことをだいじにしていきたいと思っています。

あるがままを受け入れたい
『いいお母さん、やーめた』

今年で、保育士25歳（2001年）になります。若かったころと比べると、体はかなりくたびれて、ちょっとのオニごっこで息切れはするし、得意だったはずの側転や、鉄棒の連続回転も、大きな覚悟と勇気が必要になりました。でも、保育士として、子どもたちにずいぶん成長させてもらったし、体はカチカチになったけど、頭と心はかなり柔らかくなったと思います。若かったころには見えなかったことが、少しずつ見えるようになってきた気がします。今まで、聞き流してしまっていたお父さんやお母さんの何げないことばが、心にとまるようになってきました。

先日、あるお母さんが、わたしを呼び止めてくれました。

「先生、絶対にまだだれにも言わないでね。4人目ができたみたいなの。パパには無理って言われたけど、わたしはがんばりたいの。でも、体はきつくて…ねぇ、絶対に、まだないしょよ。」

今までなら、そんな話を聞いても

「わかった。」

と答えて、ただそれだけでした。でも今回は、このお母さんの気持ちを重く受けとめることができました。ないしょにしておきたいのなら、なぜ、わたしに話したんだろう…きっとつらかったのだと思うんです。仕事はきついし、3人の子どもたちはまだ保育園児、パパが無理だというのもわかるけど、でもやっぱり何とか生みたい…ひとりであれこれ考えて、つらくなっている気持ちをだれかに受けとめてほしかったのだと思います。たまたま部屋に残っていたわたしを見つけて飛び込んできてくれたのだから、何もしてあげられないけど、このお母さんの気持ちだけはしっかりと受けとめようと思いました。わたしも、職場の仲間たちにはいっさい言わずに、お母さんが生むと決めて、自分で保育園に報告してくれる日を待ちました。

そして、朝夕、ないしょでそっと
「つわりきつくない？」
「だいじょうぶ？」
と応援の気持ちを込めて、ひと声かけました。

今年は持ち上がりなので、お母さんたちともずいぶん仲よくなれました。4歳なので、受け渡しは基本的にはポーチで行い、保護者は部屋に入りません。でも、時々やってくる甘いお父さんは、部屋まで上がってきて、我が子のしたくに手を貸しています。そして、いつまでもだっこをして、保育士の手が空くのを待ち、だっこからだっこへの受け渡しをしていくんです。若いころだったら、そんなお父さんに
「もうひとりでできますから…。」
なんて言っていたに違いありません。でも、幸せそうなデレデレのお父さんの顔を見ていると、わたしまで幸せになります。基本的な決まりごとより、精いっぱいの愛情表現のほうが勝ちです。

朝、ものすごい光景を目にするときもあります。保育士がすぐそばにいるのもお構いなしで、子どもをどなりつけ、大泣きさせていくんです。ふだんは優しくて、ちゃんとだっこをしてから出かけていくお母さんです。担任にも
「わたし、きょうはイライラしてるの。」
と言って、不きげんな顔で出かけていきました。このお母さんは、去年までは保育園でいつも優しいお母さんの姿を見せてくれていました。それが今年になって、安心してありのままの姿を保育園で出せるようになったんだと思うと、うれしくなります。

クラスでしかりかたのアンケートをとったら、往復びんた、けり、投げ飛ばす、ベランダに出すなんて言う実に正直な答えまで書いてくれるお母さんたちに感謝しています。それはそれで問題であっても、問題が見えるからこそ、いっしょに考えていけるんですものね。

保護者とわたしたちと、お互いにいいかげんさや失敗もさらけ出せるような関係ができつつある今、毎日が楽しくてしかたがありません。

お父さんもお母さんもいい気持ちになれるクラスだより

2000年1月25日発行・第42号から

お楽しみ会の出し物を決める第1回目の話し合いの模様を報告。みんなで怪獣探しの冒険に出ようということになり(怪獣については、P.54～55を読んでください)、「困ったときに助けてくれる優しい怪獣を探しに行こう」と決まりました。そして、お父さんやお母さんに助けてもらったことを出し合いました。


「きよちゃん、階段から落ちたとき、お父さんがすご～く心配してくれた。」

「たくみが指を挟んだときに、父さんとお母さんが助けてくれた。」

「かぜのとき、ママが薬を買ってきてくれた…急いで行ってくれたの。」

そして、浅井君です。

「あのね、お父さんもお母さんも会社に行っててね、ぼくおなかがすいて、おなかがすいて、みそおむすび作ろうと思ってね、でも全然できなくてね、あのね、そしたらおばあちゃんがみそおむすび作るの助けてくれたの。」

そう言いながら、涙があふれてきて、泣けてしまいました。泣きだした浅井君を見て、子どもたちも真剣な顔です。そして、悲しいときだけじゃなくて、うれしいときもホッとしたときも、涙って出るんだねという話もできました。


これは、クラスだよりのほんの一部ですが、こんなふうに、子どもたちのようすをリアルに伝えていきます。

例えば、発表会。ステージに上がっている子どもたちの姿は、とてもイキイキとしているけれど、それ以上に準備や話し合いの中で見せてくれた姿に大きな成長を感じます。そんな子どもたちの成長を、できるだけ実況中継ふうに保護者に伝えることで、お父さんやお母さんにもそのときの空気を感じてもらって、思わず拍手を送りたくなるようないい気持ちを味わってもらいたいのです。

また、子どもたちの成長をクラスだよりに書くことで、保育者自身が自分の保育を振り返ることにもなります。見ているときには気づかなかったことが、書くことで気づくのです。時間がないときは、とにかく文字ばかりのクラスだよりになってしまいますが、それでもわたしは出し続けようと思っています。

わたし・保育士の気持ち

立ち止まり、振り返る。見守り、考える。
子どもたちが、教えてくれた「保育」という仕事。

その1

なれてはいけない感覚

「仲間はずれ」って、なあに？

わたしの年長クラスに実習生がやってきました。優しくて美人で、何といっても担任と違って若さにあふれていますから、子どもたちにも人気です。

その実習生が、子どもたちに宝探しゲームを企画してくれました。地図に記された場所を目当てに、グループごとにポイントを回ります。ポイントにはクイズが用意されていて、クイズの答えがわかったら、次のポイントに進めます。封筒の中には、野菜や果物のペープサートと、“なかまはずれはだれでしょう”と書かれた紙が入っていました。野菜の中に果物が1つ、あるいは果物の中に野菜が1つ入っており、その問いの意味はすぐにわかります。

ペープサートに表情があって、かわいらしく作られていて、見たとたん子どもたちは大喜びしました。でも、“仲間はずれ”ということばの使いかたに対して、後で何とかフォローしなければ…と考えながら、ようすを見守りました。すると、うれしいことが起こったのです。

“なかまはずれはだれでしょう”という問いの意味が子どもたちにはすぐわからなかったのです。

ともみ「えー、仲間はずれ？　だれかなぁ。」

あずさ「だれかケンカしたのかなぁ。」

と、しばらく考えてから

えつこ「あーわかった。リンゴとミカンは果物でしょ。ダイコンは果物じゃなくて、野菜でしょ。だから、ダイコンだけが違うから、仲間はずれはダイコンじゃないのー？」

あずさ「あっ、そうか！」

えつこ「でも、仲間はずれだって…かわいそうだね。」

あずさ「うん…かわいそう。」

ともみ「じゃあ、あたし、ダイコンだっこしてあげる。」

そして、ともみちゃんはダイコンに命まで吹き込みながら語りかけます。

ともみ「ダイコンさんだって、おいしいよね。ねーっ。」

ダイコンをだいじそうにだっこしなが

ら、グループのみんなで次のポイントへ向かっていきました。

　このようすを見て、「わたしのへたなフォローなんて必要ないな」と、思いました。と同時に、日常の子育てや保育の中で、ひとりひとりが何でも言えて、認め合える環境を作り、仲間とのつながりを実感できるようにすることのたいせつさを知りました。相手の言い分を聞いたり、自分の考えを伝える関係ができていないと、ちょっとした会話でもすれ違っていきます。仲間がいることを実感するのは、こんな小さな会話の積み重ねではないでしょうか。

　また、おとなが見た目だけで評価する怖さも感じました。ダイコンは、ほかの果物とは明らかに見た目は違いますよね。でも、だから仲間じゃないという価値観はどんなものでしょう?

　残念ながら、「なかまはずれはだれでしょう」という問いかけは、幼児番組や幼児向けの雑誌で盛んに使われているのが現状です。種類の違うものを問うのに、「仲間はずれ」という感覚で排除してしまうこの問いかたには、恐ろしいものがありますよね。

　ちょっと立ち止まって考えてみたら、それは差別感なのに、知らず知らずのうちに身についてしまっているわけです。こういう恐ろしい感覚って、きっとたくさんありますよね。無意識のうちに取り込んでしまったこうした感覚は、子どもを育てるわたしたち保育士は、特に警戒し、見つめ直す必要性を感じます。

　そして、そんな今だからこそ、わたしたちは人間らしく歌い、踊り、あそび、語って仲間を広げ、手と手をたくさんつないでいきたいですね。そうして得られる自分自身にとっての“いい気持ち”が、あらゆる場面ですでに身についてしまった恐ろしい感覚に警鐘を鳴らしてくれると信じています。

わたしも安心

ピッタリだっこの気持ちよさ

　4月から新しい環境になり、わたしが受け持つ1歳児たちも、みんな不安なスタートをしました。親から離れた不安を少しでも埋めたくて、わたしにだっこを求めてはくるけれど、そのころのだっこは、子どもにとって決してすっかり安心できるここちよいだっこではありませんでした。

　わたしとの信頼関係が少しずつできていく中で、だっこのされかたも変化していきました。春の始めは、親にしがみついている子を、無理やり引き離してのだっこだったり、とりあえず保育園では保育士しか頼れないから、しかたなく求めるだっこだったりしました。

　そんな日々を重ねながら、ひとりひとりの子どもたちの性格や育ちの状況を理解し、子どもたちにとってもわたしたち担任が安心していっしょに過ごせる存在になってくると、自分からだっこを求めてくるようになります。もっともっと信頼関係が深まってくると、自分から親の手を離れて

「バイバーイ。」

と手を振り、まずは保育士にだっこしてもらって安心するという姿が見られるようになりました。

　そんなある日、ゆうすけ君が、わたしの胸にべったりと顔を埋めて、全身の力を抜いて、すっかり身を委ねてくれました。そのとき、だっこしたわたしも「あーなんていい気持ちなんだろう」と、自然にゆうすけ君を抱きしめながら、「これだ!」と気づいたことがありました。

　スキンシップの医学的・心理学的な力や効果など、難しいことはわからないけれど、だっこするおとなも「あーいい気持ち」と思える心の通い合う触れ合いこそが、本当の“スキンシップ”なんですね。だっこされる子どもたちだけでなく、だっこする保育士自身もとても安定した気持ちを得られるのです。

こうしてだっこした子どもと保育士の間にすき間のあっただっこから、体も心もすき間のなくなったピッタリだっこへの変化は、あそびにも現れました。

保育士が足を投げ出して、子どもをひざに乗せるあそびは、みんな大好きです。『ぬくぬく』『ピッタンコ』『すべりだい』『ポップコーン』『震度1』…初めは1対1であそんでいても、あっという間に子どもたちが、わたしの足の間にずらりとまたがってきます。

だから、揺さぶれない、すべらない、はじけないなど、それぞれのあそびが持つ楽しさが半減してしまうことになります。でも、たとえ、揺さぶられなくても、「ぼくもやってほしい」と思ったときに、保育士のひざにまたがって、ギュウギュウ詰めの中で、歌ってもらうことがうれしいのです。そのギュウギュウ詰めの中のどこかに、とりあえず自分も座っていれば、それでよかったのです。

でも、ピッタリだっこの気持ちよさを知った子は、いちばん前に座るようになっていきました。保育士の胸に、全身をぴったりとくっつけるいちばん前が、いい気持ちになれることを知っているのです。

そして、さらに保育園が、居心地のいい所になったまりこちゃんは、最近、登園して靴を脱ぐと、だっこされることを目的に、お母さんをおいて、1人で廊下を走って、部屋までやって来ます。

「おはよう!」

と部屋に入ってきたまりこちゃんは、まず、わたしのところへ、どーんと体当たりで飛び込んでくることが、1日の始まりになっています。外の寒さが伝わってくる冷たいジャンパーのまりこちゃんをわたしも全身で受けとめて、ぎゅうっと抱きしめながら、

「おはよう…」

と返します。あとは、もうことばなんていりません。目と目で通じ合うものを感じながら、しばらくの間見つめ合います。

まりこちゃんとわたしの、朝一番の冷たくてあったかーい「いい気持ち」です。

その3

『空とぶライオン』を読んで…
「あたりまえ」って、何だろう？

わたしは、佐野洋子さんの『空とぶライオン』を読んだ後、じっくり考えてみようと思ったことがあります。それは、“あたりまえ”って、何だろうということです。

りっぱなたてがみと勇ましい声をしたライオン。そのたてがみを見たくて、ネコたちが集まってくると、ライオンはネコたちに何かごちそうをしたくなります。ウォーッと勇ましくほえて、空を駆け登るように地面をけって、獲物を捕りに行きます。それが、毎日続くのです。絵本の一節を紹介します。

「ねこたちは、『さすがライオンだ』と、はにはさまったにくを　ようじでチューチューつつきながら　あたりまえのかおを　しました」

この一節の“あたりまえ”がわたしの心に刺さりました。ライオンは、

「疲れた。」

と言って、さめざめと泣く夜があっても、ネコたちに期待されると、やっぱり地面をけって、空に跳び上がっていきます。ある日、地面をけろうとして、とうとうそのまま倒れて、石になってしまいます。何百年も石のまま昼寝を続けるライオンは、ある日、子どものひと言で目を覚ますのですが…あとは、ぜひ、絵本を読んでみてくださいね。

長年、保育の仕事をしていると、

「ちょっと昔までは、これがあたりまえだったのにね。」

と、仲間と話し合うことがたくさんあります。“あたりまえ”が崩されて、新しい“あたりまえ”ができ上がってしまい、恐ろしい結果をもたらしていること、わたしたちの周りにいくつもありますね。逆に、“あたりまえ”が崩されたことによって、よい結果をもたらしたこともたくさんあります。

人間は、“あたりまえ”の中身を良くも悪くも変えることができるんですね。わたしも、まず身近なところから、ひとつひとつの“あたりまえ”について考え

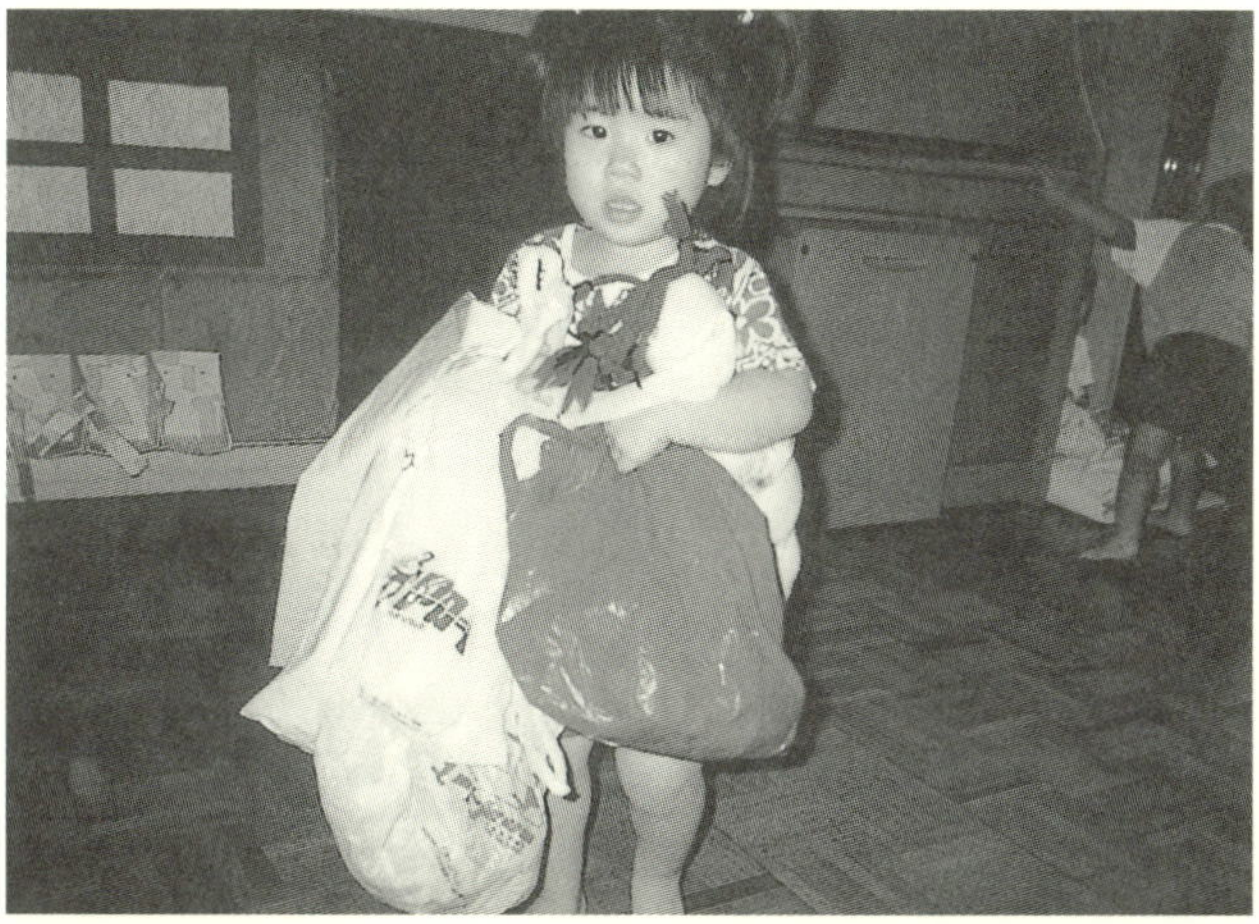

てみようと思います。

考えるポイントは、その"あたりまえ"がみんなにとっていい気持ちのものになっているかどうかということではないでしょうか。

この絵本のネコたちのように、わたしたちも"あたりまえ"になっていることには、あまり深く考えずについ流されてしまうものです。保育園の"あたりまえ"が、もしかしたら、子どもや保護者を苦しめていることだってあるかもしれません。

社会的な"あたりまえ"についても、命をたいせつにすること、人間らしく生きることを目ざして、変えていこうとするひとりでありたいですね。

その1つとして、子どもたちの育つ環境が、人間らしい育ちが保障されるものに変わり、保育士たちも元気にイキイキと仕事ができるよう、今年も研究所の活動を広げ、たくさんの人につないでいきたいですね。

『空とぶライオン』
佐野洋子・作／絵　講談社・刊

五感の育ちの基本を考える

人間らしさの根っこを育てるために…

今年は、3歳児・ちゅうりっぷ組の担任になりました。3歳児と言えば、乳児から幼児へと、心身ともに目覚ましく成長するときです。自我がはっきりしてきて、「ぼくだって、おとなのようにやれるんだぞ」と、一人前意識も持つようになるものの、実際にはそれをうまく伝えたり、行動に表せなくて、そこがまた何ともトンチンカンでかわいらしい時期なんです。

ちゅうりっぷ組20人の家庭環境とその育ちは、実にバラエティに富んでいます。双子が1組、19世帯中6世帯は日本人あるいは、父母どちらかが外国人の両親がいます。全体の発達がゆっくりな子が2人いて、ことばがまったく出なかったり、ちり紙や砂、石けんなどを食べてしまうことがあります。新入園児たちはまだおむつをしていたり、玄関や門を開けて出ていってしまったり…。と、ここまでなら単に今年の特徴ということになるのでしょうが、ほかの子どもたちも育ちに気になるところがたくさんあり、20人の安全を守るためには、とても1人では保育できない状況です。

このたいへんさは、3歳児に限らず、ここ数年どのクラスを担任しても感じるものです。子どもが変わってしまったのか、変わったのは子どもではないのか、よくわからないけれど、保育は確かに苦しくなってきています。そして、このたいへんさは、青少年たちが引き起こしている、人間らしさをどこかに忘れてきてしまっているような悲しいニュースにも何か通じるものがあるのではないでしょうか。そのことを今、真剣に自分自身に問い直しながら、保育のありようを、そして社会のありようを考えていかなければならないと感じています。

そう思いながら子どもの成長発達を改めて見つめ直してみると、"感じる力"の弱さがとても気になります。目・耳・鼻・舌・皮膚の五感の育ちがどこか狂ってきてしまっているのではないでしょうか。

例えば、"耳"を考えてみても、おと

なの呼びかけの声が普通の声だと、子どもたちの反応がとても悪いのです。クラス全体に向かって話すとき、普通の話しかたでは、子どもたちはなかなか集中してくれません。何らかの声色を使ったり、耳と同時に目にも訴えるように物を用いたり、何かパフォーマンスがないと、集中しようとしないのです。テレビなどの機械音が、四六時中耳に入ってくる生活の問題など、紙面ではとても書ききれないほどの原因が考えられると思います。

食品添加物の大量摂取、個食、大気汚染、ほかにもさまざまな環境の変化が、五感の育ちに影響しているのではないかと、そのひとつひとつについて、今学びながら考えているところです。そして、考えながらいつも思うことは、五感の育ちの基本の部分です。

お母さんの笑顔を見て、お母さんの優しい声を聞き、お母さんの温かいぬくもりを肌で感じ、お母さんのおっぱいの味やにおいの中で育つことが、まさに基本です。でも、その子育ての本能のような親としての力が、今、さまざまな厳しい状況の中で弱められているのではないでしょうか。

だからこそ、その力を取り戻すためにも、人と人のつながりの気持ちよさを広げていきたいと思うのです。人間らしさの根っこを育てるたいせつな乳幼児期に、その子どもや家族と生活の1部分を共に過ごす保育園の役割と責任の大きさを感じます。

子どもの本当のかわいらしさや人間の本当の幸せを感じる力を、たくさんの親子や保育士と共に確認し合うために、「つながりあそび・うた」は大きな力になるはずです。

わたしのちゅうりっぷ組も、今のところは、まだ1日を安全に過ごすことだけで精いっぱいですが、うれしいことに、あそべない子は1人もいない明るいクラスです。心も体も、外へ外へと飛び出しながら大きくなっていく3歳のこの時期、二本松さんの歌、『とびだそうよ』をテーマソングにしてみました。もちろん、クラス便りのタイトルも『とびだそうよ』です。

この1年、「つながりあそび・うた」の力を借りながら、子どもも保護者も保育士も、どこまでいい気持ちを感じることができるか、どんなふうに飛び出して大きく育ち合っていけるか、今から楽しみです。

その5

ポリシーを持って ヒーローごっこ、どうする？

ヒーローごっこをどう考えるかという問題は、長年の間、常にさまざまなところで話し合われてきていますね。
「クラスでヒーローごっこがはやっているんですが、どうしたらいいでしょうか？」
という質問をわたしもよくもらいます。そして、質問してくれる人の多くは、ヒーローごっこはあまり好ましくないという考えを持っています。わたしも、若いころはヒーローごっこに対して否定的な考えを持っていました。でも最近は、保育に積極的に取り入れることもないけれど、特に否定もしていません。自然のままでいいでと考えています。

わたしの3歳児クラスでも、4、5月は、ヒーローごっこが大流行で、ひっきりなしにだれかがウルトラマンになって走り回っていました。なりきることで、友だちをキックしたり、突き飛ばしてしまうこともありました。歯磨きをしながら歌ってもらいたいリクエストのナンバー1も、ウルトラマンシリーズの主題歌でした。毎日、ウルトラマンの服でないと着ない子もいました。

若いころは、ウルトラマンごっこを子どもといっしょにやるなんて、絶対にできなかったわたしですが、最近では、子どもたちがそんなに好きなあそびなら、時にはいっしょに楽しめばいいじゃないかと思えるようになりました。

今年もそう思いながら、ウルトラマンごっこをやる中で、いくつかの収穫がありました。泣いてばかりいたのに、このあそびで気持ちを開いてくれた新入園児がいました。「キックやパンチはいけない」といくらしかってもなくならなかったのに、保育士がいっしょにあそぶ中で、この問題も解決してしまいました。

怪獣になった保育士が
「やーめた！　だって怪獣になると痛いんだもん。わたしもウルトラマンになりたい！」
と、子どものようにだだをこねたのです。でも、怪獣役をやってくれるのは、保育士しかいません。そこで、キックやパンチで手足を振り上げながら、相手の体に触れる寸前で力を緩めるという難しい技を教え、それができるなら、怪獣役になろうと提案してみたのです。子どもたちは、あっという間にその手加減を覚えてしまい、それからは、このトラブルで泣く子はいなくなりました。「いや」「怖い」「できない」などさまざまな苦手なことを克服してしまうことだって

あります。

　そんなわけで、子どもとの生活の中からヒーローごっこを排除することはないと思っています。ただ、それに負けないあそびをほかのところで、十分にクラスの中に組織していくことはだいじですね。仲間の中で、仲間を全身で感じ、仲間との共感あふれたあそびがしっかりとできていれば、ヒーローごっこなど問題にするほどのことではないと思うのです。

　でも、保育士も人間ですから、いくら相手が子どもであっても、自分のポリシーを捨てきることはないと思います。例えば、わたしの場合、歯磨き歌にリクエストされても歌わないヒーローものの歌があります。その歌の♪ギリギリまでがんばって♪という歌詞が、どうしても好きになれないからです。保育士がポリシーをしっかり持ってつき合えば、ヒーローごっこに対しても、もっとおおらかになれると思うし、恐れることはないと思います。

　だいじょうぶ！　ヒーローごっこに夢中になる時期があっても、ほかにおもしろいあそびが盛り上がっていけば、ヒーローごっこは自然に影を潜めていきますから…。

　だいじなことは、ヒーローごっこうんぬんよりも、仲間といっしょに作り出したり、乗り越えたりするワクワク、ドキドキをどう作っていくのかということですよね。

とびだそうよ　作詞・二本松はじめ

1. 朝焼けだよ　きょうの笑顔
風も背中押すよ　とびだそうよ
おはよう　おはよう　きょうが始まる
おはよう　おはよう　心弾むよ

2. 夕焼けだよ　あすの笑顔
鳥も歌っているよ　とびだそうよ
ヤッホー　ヤッホー　あすが始まる
ヤッホー　ヤッホー　心弾むよ

時代の流れの中で
宝箱今昔物語

福音館書店発行の『かがくのとも』221号『ぼくのわたしのたからもの』という絵本を知っていますか？

13人の子どもたちがそれぞれ、お菓子などの空き缶や空き箱に入れただいじにしている自分の宝物を紹介してくれる絵本です。貝殻、石ころ、ビー玉、虫の死がいや抜け殻、鳥の羽、マツボックリやドングリ、古切手、ねじやくぎ、木の葉などさまざまなものが入っています。

この絵本に出合ったとき、「おとなにはゴミにしか見えないものが、子どもには宝物だったりする。そんな小さな夢をだいじにしまっておけるひとりひとりの宝箱を子どもたちに持たせてあげたい」と思いました。

そして、9年前に3歳児を担任したときに、この絵本を読み、子どもたちは1人1個の宝箱を持ちました。散歩で見つけてきたセミの抜け殻やビービー弾と呼ばれる小さな玉を競って集めようとする中で、トラブルも起こったけれど、友だちを思う優しさも生まれました。給食の半分切りのミカンの皮が、破れずにきれいにむけると、うれしくて宝箱にしまいました。時々、友だちと中を見せ合って取り替えっこをしたり、泣かせちゃったおわびに宝物を1つあげてみたり、またずっとたいせつにしていた“宝石（石ころ）”をお母さんの誕生日にプレゼントした子もいました。

さて、わたしは3歳児を担任した今年度も、9年前のような実践を期待して、4月の終わりごろから空き箱を集め、あの絵本を再び取り出したのです。

ところが、宝箱に子どもたちが入れた物は、家から持ってきたカードやシール、キャラクター人形やキーホルダーなどのおもちゃでした。また、宝箱が“取られたくないクラスのおもちゃを隠す場所”になっていたり、箱そのものであそんだり、中にはまったく興味を示さない子もいました。

結局、期待していた実践にはならず、大失敗でした。今の子どもたちにとっ

て、"宝物"って、何なのでしょうか。きれいなおもちゃやカードなら、おとなたちから「汚い」とか「そんな所に置かないで」「捨てなさい」などと言われることもないし、自分だけの宝物をこっそりしまっておく箱なんて、必要ないのでしょうか。

子どもたちのあそびの環境や日常生活が時代とともに変化している中で、物事に対するイメージの作られかたも、変わってきているのでしょうか。また、小さいころからメディアになれ親しんできた子どもたちは、イメージする力が弱くなっているのではないかと気にもなります。

そしてそれは、わたしたちおとなにも言えることではないでしょうか。保育士であるわたしたちが、どれだけ豊かな内容や経験のあそびを提案してこられたのか、反省しなければならないと思っています。

保育園もひと昔前より、おもちゃもきれいになったし、教材もまだ足りないながらも豊富になりました。それはとてもよいことなのですが、同時にわたしたちもその便利さになれてしまい、自分で考え出したり、作り出したり、物をだいじにすることを忘れかけてしまっているところがあるのではないでしょうか。何かをリサイクルしてあそぶことはあたりまえだったし、木の実や草花はステキなおもちゃの1つでした。

もちろん今だって、作ってあそぶことや、自然物に親しんであそぶことはだいじな活動として、保育所保育指針に入っています。でも、9年前と今年、同じ3歳児に提案した宝箱の実践の結果の大きな違いは、わたしにいろいろなことを考えさせてくれました。

時代の流れの中で、社会環境のさまざまな変化は、しっかりと受けとめつつ、その中でわたしたちにできること、しなければならないことを考えて、自分の保育をもう一度つくり直していきたいと思っています。

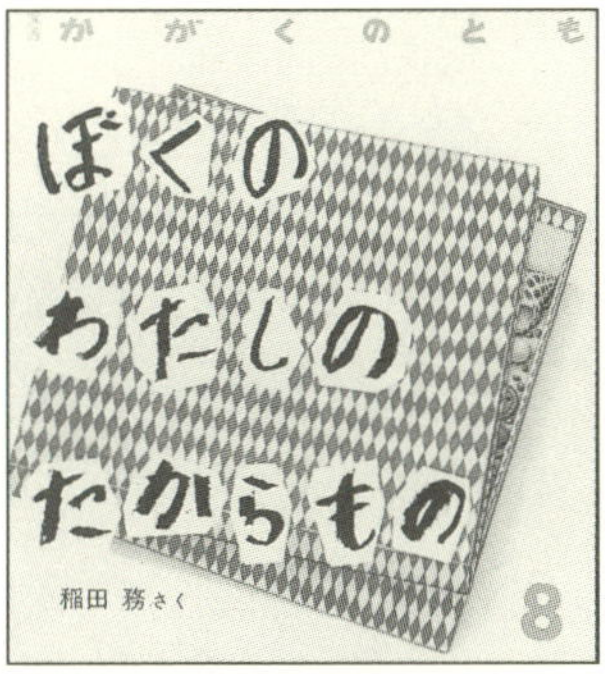

『ぼくの　わたしの　たからもの』
稲田　務・作
月刊予約・科学絵本
「かがくのとも」通巻221号
福音館書店・刊

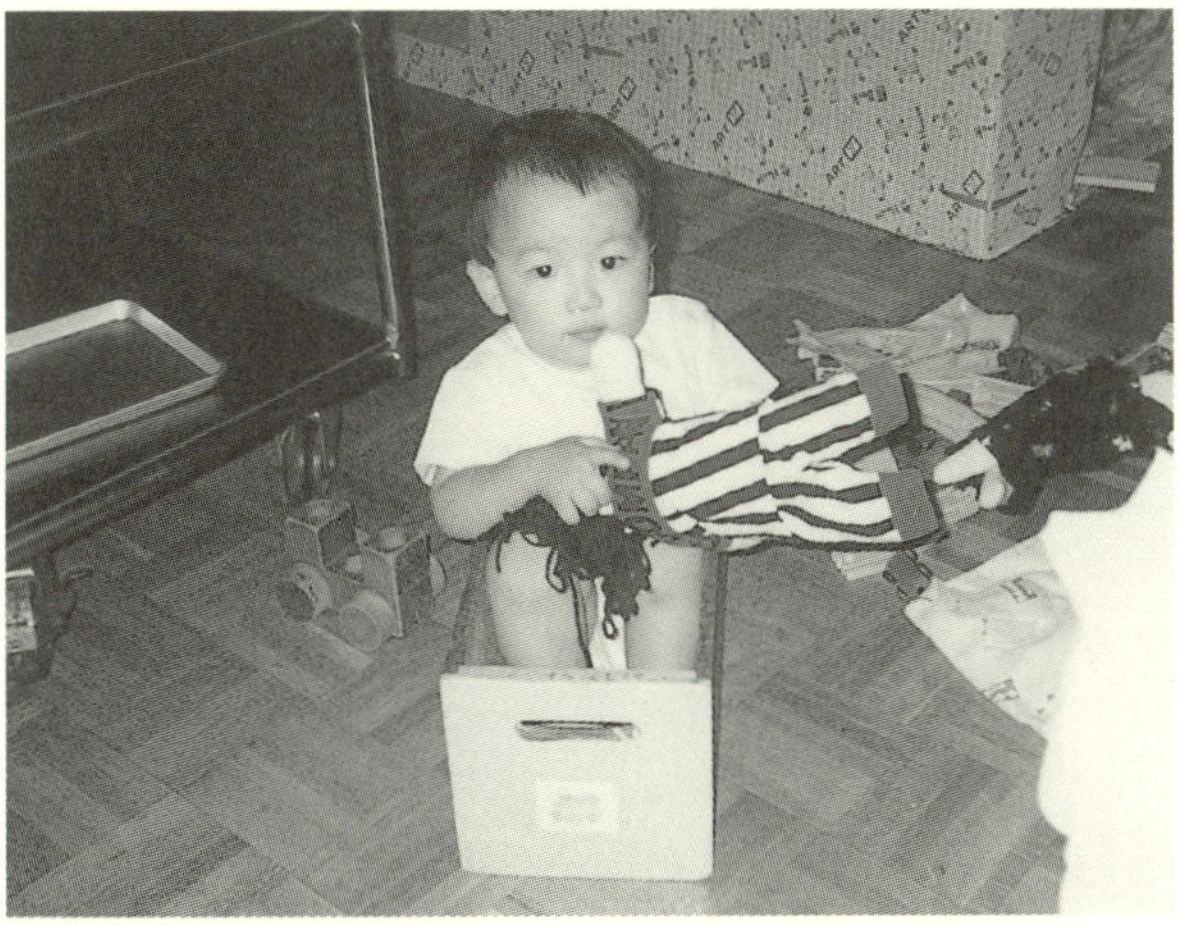

その7

失敗を恐れずに 目ざせ！がき大将！

今年も、つながりあそび・うた研究所主催のサマーカレッジで、たくさんの人とつながりあそびや歌、ダンスを楽しんでいます。あるとき、二本松さんに聞かれました。

「保育の中で、こういうあそびって、どういうときにおろすの？」

わたしも一瞬、「うーん」と考えてしまったのですが、そりゃあいろいろですよね、おろしかたって。みんなであそぶときもあれば、数人の子どもと楽しんだり、1対1であそんだり…。研修会の中で、自分が楽しいと感じて、子どもたちとやってみたいと思ったら、とにかくやってみればいいのです。でも、それがけっこう難しいことがありますよね。研究所の町田さんが言っていました。

「最初のころ、自分が体験して、とても楽しかったつながりあそびを、子どもたちとやってみました。そうしたら、終わったとたんに子どもたちが聞くんです。『先生、あそんできていい？』って。今だってあそんでいたのにね。ぼくがやると、どうして楽しくないんだろうと思いました。」

わたしもそうでした。二本松さんのあそびに出合ったばかりのころは、とにかく保育のあちこちの場面で、教わったあそびをがむしゃらにやりました。町田さんみたいに子どもが楽しいかなんて考えもせずに、ただの自己満足でやっていたのかもしれません。でも、それでよかったんだと、今、振り返ってみて思います。もし、失敗しても、その根底には"自分が体験してみて楽しかったから、子どもとやってみたい"という基本があるのですから。子どもといっしょにあそんでみたいと思ったときに、やってみればいいのだと思います。

研究所のスタッフ・宮島さんは、現役の園長さんですが、職場の保育士に「がき大将になれ。」と、いつも言っているそうです。がき大将は、あそびをどんどん引っ張っていきます。ちょっと強引に見えるときもある

けれど、でもちゃんと周りの子どもたちを見ています。聞いています。そして、表には出さないけれど、みんなをだいじにして優しいです。がき大将は、みんなの中で自分もがき大将として、さらに成長できる子どもです。

　わたしたち保育士もがき大将になって、これをしてみたいと思ったあそびをおろしていけば、失敗したって、次には見えてくるものが必ずあるはずです。そうやって実践を重ねていくうちに、どんなときにそのあそびをしてみたいと思うか、その“タイミング”が自然と身についてくると思うのです。

　わたしも、今は、つながりあそびをがむしゃらにやることはなくなりました。絵本を読みながら、散歩を楽しみながら、つながりあそびの歌だけとか、一部分のやりとりだけを楽しんだり、プールサイドに並んだ足がダイコンに見えて、その場で『ダイコン漬け』プールバージョンを楽しんでみたり…特にいつ、どうやってこのあそびをおろそうかと考えなくても、頭の中の引き出しからあそびが飛び出してきて、自然にあそべるようになりました。そんなふうになってきたのは、最近のことです。

　「いつ、どうやって」ということは、あまり深く考えなくてもいいのかもしれませんね。だいじょうぶ！　がき大将の強引さなら、失敗したって子どもたちがそのことをちゃんと教えてくれます。いい気持ちを感じられるあそびかたが、見つかるはずです。

　さあ、みんなでがき大将を目ざしましょう！

子どもと対話できる保育者の必要条件

加藤　繁美（山梨大学教育人間科学部）

頭金さんは、子どもと「対話」できる保育者です。

子どもと「対話」できるということは、言葉に出された子どもの声に、ただ言葉を返すことができるということを意味しているのではありません。言葉にならない子どもの声を聞き取る力をもった、そんな不思議な力をもった保育者。それが子どもと「対話」できる保育者なのです。

わたし自身は、頭金さんの実践記録を読ませてもらうたびに、なぜこんなに子どもの気持ちに寄り添うことができるのか、いつも疑問に思っていました。でもその理由が、ここに収録された記録を読んで、おぼろげながら理解できたような気がします。

例えば、この中にアサガオの実践が紹介されています。どこの園でもやる、あのアサガオの栽培ですが、これまたどの園でも決まっているように、頭金さんのクラスにも芽の出てこない子どもが数名いたというのです。さっそく子どもたちと話し合いをした結果、余分に芽を出している子に、その子たちは分けてもらうことにしたといいます。

もちろんここまでは、おそらくだれでも経験する実践の姿だと思いますが、やがて花が咲くようになったときの子どもたちのつぶやきを、頭金さんは聞き逃さないのです。つまりひとりの子が語った、「でもさ、これ、もらったアサガオなんだ」という言葉を…。この段階で頭金さんは、ただ「ごめんね」といって抱きしめるしかすべがなかったというのですが、こうした経験を頭金さんは、次のような言葉でまとめているのです。

友達を思いやる気持ちやみんなで分け合う精神を、さも子どもたちの中から引き出し、どの子もみんな気持ちよくアサガオを育てているはず、いい保育をしている、というとんでもない思い上がりの陰で、ずっと小さな心を痛めている子どもがいたのです。

頭金さんのすごいところは、実はこうやって子どもたちに謝ることができる、そんな謙虚な姿を、さりげなく子どもの前で出せるところにあるのです。それをわたしたちは「反省的思考」のできる保育者と言ったりしますが、それは同時に、同じ過ちを繰り返さない保育者であることを意味しているのです。

たとえば数年後に再度アサガオの実践をしたときのことが、この記録に続けて記されています。この時もやはり芽の出ない子が4人いたというのですが、頭金さんは悩みに悩んだ末、「きっとお寝坊さんの種なんだよ」と子どもには話し、子どもが帰った後でこっそりと植え替えることにしたというのです。

もちろんこれが最善の方法だったかというと、それはそうではないのかもしれません。しかしながら1人目の発芽から16日もかかって芽が出た女の子は、植木鉢を大事そうに抱え込んで「やっと起きたの？お寝ぼうだね」とうれしそうにいつまでも眺めていたとここには記されているのです。

わたしはこの文章を読みながら、おそらくこうした言葉が子どもの口からさりげなく出てくるのは、「あなたも、あなたも、そしてあなたも、このアサガオのようにきっといつか自分の芽が出るんだよ」というメッセージを、日々のかかわりのなかで送り続けている頭金さんの、クラスを包み込む暖かい空気があるからなのだろうと考えていました。

保育という営みは、言葉にして語る「保育理論」がそのまま計画となり、実践となる部分ももちろんありますが、そうした実践を包み込む、クラスの空気（トーン）のようなもののほうが、実際には大きな意味を持つものなのです。

人はそれを「保育者の人間性」とか「保育者のセンス」を反映したものと呼んだりしますが、わたしはそれは正しくないと思っています。実はそれは、人間の深いところでつかみとった子ども観・保育観・人間観・歴史観が、言葉を超えた世界に反映したものなのです。

だから、薄っぺらい学習しかしない人は、反省しない保育者なのです。反省しない保育者は、子どもと「対話」することのできない保育者なのです。

そして子どもと「対話」できる保育者は、真実に対して謙虚で、他者に対して優しく、自分に対して厳しくありたいと、常に自分を励まし続ける保育者なのです。

タンポポの１枚の花びらのように…

出会ったばかりの人と人をあったかくつないでしまう二本松はじめさんのあそび歌に合って、「目からうろこが落ちた」ような衝撃と感動を感じたのは、今から17年前です。それからずっと、つながりあそび・うたの実践の中で、自分の保育や生きかたを振り返り、見つめてきました。

つながりあそび・うた研究所の機関誌『手と手と手と』に、「いい気持ちこそ、保育の最大のポイント」と投稿したのがきっかけで、連載が始まりました。でも、実は書くことは苦手なのです。理論的な組み立てより、感覚で動いてしまうのですね。そんなわたしが、気楽な気分で書きためた日々の実践を、今回、たくさんの方々のお力を借りて、１冊の本にまとめることができました。

わたしは子どもたちに「タンポポのような人」になってほしいと願ってきました。タンポポは、実は花びら１枚１枚が花であり、その花がたくさん集まって寄り添って、あの明るくかわいい一輪の花を見せてくれています。そして、踏まれても、根っこだけに切り取られても、またそこから新しい根を張り、芽吹いていく強さを持っています。やがて、綿毛になると、たった１つの命をだいじに抱いて、親から飛び立ち、新しいたくさんの命をつないでいくのです。タンポポのこうした生きかたを知ってから、わたしは、自分の保育もそうでありたいと思ってきました。この本も、「タンポポの１枚の花びら」になって、皆さんにつながっていけば、うれしいです。

この本で紹介した実践を作ってくれたのは、わたしがこれまで出会った子どもたちと子どもたちの家族の皆さん、わたしの仲間、わたしの家族です。また、感覚で進んでしまうわたしの保育を理論的に整理してくださった山梨大学の加藤繁美先生には、いろいろなことを教えていただきました。そのたくさんのつながりに心から感謝します。

そして、今回の本作りに際して、文章を整理し、まとめてくださった編集者の中村美也子さんと、この１冊がたくさんの人たちの手に届くようにとお力を貸してくださったひとなる書房の名古屋研一さんとに心よりお礼を申しあげます。

愛し、愛されて、心も体もだっこし合えるいい気持ちの関係の中でこそ、子どももおとなも命を輝かすことができるという二本松はじめさんの思いに、これからもこだわり続けていこうと思っています。

2002年春の始めに　頭金多絵

頭金 多絵（とうきんたえ）
東京都墨田区内の保育園に保育士として26年勤務。親子共室ぬくぬくだっこらんど主宰。つながりあそび・うた研究所スタッフとして、同研究所の機関誌『手と手と手と』に実践記録を連載。最近では、保育雑誌の執筆をはじめ、研修会の講師を務めるなど、活動の場を広げている。

つながりあそび・うた実践ノート
「気持ちいい」保育、見〜つけた！

2002年7月1日　初版発行　　2007年6月14日　2刷発行

著　者　頭金多絵
発行者　二本松はじめ

発行所　つながりあそび・うた研究所
東久留米市中央町5-9-22-101
電話　0424-79-1069　FAX　0424-71-4779

販　売　ひとなる書房
文京区本郷2-17-13　広和レジデンス101
電話　03-3811-1372　FAX　03-3811-1383

 印刷／株式会社シナノ
＊落丁本、乱丁本はお取り替えいたします。